国家社科基金项目"高风险家庭儿童防虐体系研究"

高风险家庭儿童防虐体系研究

陈云凡　著

湖南师范大学出版社

图书在版编目（CIP）数据

高风险家庭儿童防虐体系研究／陈云凡著. —长沙：湖南师范大学出版社，2021.12

ISBN 978 - 7 - 5648 - 4444 - 8

Ⅰ.①高…　Ⅱ.①陈…　Ⅲ.①青少年保护—研究—中国　Ⅳ.①D922.74

中国版本图书馆 CIP 数据核字（2021）第 266406 号

高风险家庭儿童防虐体系研究
Gaofengxian Jiating Ertong Fangnüe Tixi Yanjiu

陈云凡　著

◇出　版　人：吴真文
◇责任编辑：莫　华　邓翠青
◇责任校对：胡晓军
◇出版发行：湖南师范大学出版社
　　　　　　地址/长沙市岳麓区　邮编/410081
　　　　　　电话/0731 - 88873070　88873071　传真/0731 - 88872636
　　　　　　网址/https：//press. hunnu. edu. cn
◇经销：湖南省新华书店
◇印刷：长沙雅佳印刷有限公司
◇开本：710 mm × 1000 mm　1/16
◇印张：11.25
◇字数：200 千字
◇版次：2021 年 12 月第 1 版
◇印次：2021 年 12 月第 1 次印刷
◇书号：ISBN 978 - 7 - 5648 - 4444 - 8
◇定价：48.00 元

前　言

　　建立儿童保护服务体系是当前各国社会保护政策的共同特征。作为联合国《儿童权利宣言》缔约国，我国也建立了儿童保护体系。但在人口流动、离婚率上升，以及家庭功能失灵现象频发背景下，现有的儿童保护体系防虐功能难以充分发挥作用。儿童对于社会的美好愿望与我国现有保护体系的不平衡不充分的发展之间的矛盾成为我国儿童保护体系的主要矛盾，也成为推动儿童保护体系不断完善的主要动力。以危机为基础的儿童保护体系普遍面临体罚与虐待界限模糊、儿童虐待类型定义模糊、司法介入证词模糊和专家评估标准模糊的困境。精准识别和支持家庭成为当前儿童保护的发展趋势。本书以实现儿童利益最大化为目标，基于儿童伤害最小化和儿童防虐成本最小化为准则，建构高风险家庭儿童防虐体系。通过发挥预防力量，让风险管理成为儿童保护的一种切实可行的实务方法。

　　为检验风险因子矩阵和防虐体系的效度和信度，本书采用问卷调查方法，在北京、广东（广州）、湖南和江西四个省（市）调查点抽选了 29 所中小学，共发放问卷 5000 份，回收问卷 4824 份，经筛选有效问卷合计为 4317 份。风险因子是从现有文献研究和典型虐待案件中提取的。儿童虐待采用比较通用的《儿童期虐待量表》测量（经调查数据检验，信度系数 Cronbach α 系数值为 0.862）。儿童行为采用认可度比较高的《儿童长处与困难量表》量表（经调查数据检验，信度系数 Cronbach α 系数值为 0.630）。资料分析采用 SPSS IBM19.0 和 AMOS 两个统计软件分析。儿童虐待以及虐待程度与风险因子的关系运用 SPSS IBM19.0 软件的线性回归技术，分析风险因子对儿童虐待类型影响的显著性，以及风险程度与儿童虐待程度的相关关系。风险因子、儿童虐待和儿童行为的关系运用 AMOS 软件分析。分析得出以下结论：

　　一是群体性特征。留守儿童、流动儿童、残障儿童、孤儿或事实无人抚养孤儿、离异家庭等特殊群体，遭受儿童虐待的概率更大。这些群体中有些已经纳入政府保护之中，有些是尚未纳入。纳入保护的主要是以经济救助为主，还尚缺专业性的防虐服务。二是差异性特征。儿童虐待在性别、年龄和城乡方面表现一定程度的差异，男童比女童更容易遭受躯体虐待、躯体忽视、性虐待；女童比男童更容易遭受情感虐待。一般年龄越大，越容易遭受到父母或主要照顾者的情感忽视等虐待。家庭对儿童的教育中，容易出现忽视或者打骂的两种行为。农村儿童比城市儿童更容易遭受躯体和情感忽视，而城市儿童比农村儿童更容易遭受情感和躯体虐待。即"要么不管，管就是打骂"的教育行为在我国还比较普遍。三是普遍性特征。儿童虐待在城乡之间只是类型方面的差别，而并没有出现只存在农村或城市的现象。即使是性虐待方面，传统观点认为性虐待主要发生在女童身上。但是本次调查显示，男童的性侵犯甚至还要高于女童。四是模糊性特征。儿童虐待难以界定：首先轻微的躯体或性虐待难以界定。躯体虐待容易与体罚教育相混合，非接触性的性虐待难以取证。其次躯体和心理忽视难以界定。忽视很大程度是心理感知，因此，对于忽视的界定更是缺乏相应的判断标准。最后是情感虐待难以界定。言语的辱骂一方面是难以取证，另一方面对儿童的伤害更多是在心理层面。因此，儿童虐待在实务界定中存在模糊性特征。因此"隐蔽性虐待"在我国已经是一个比较普遍的现象，不能简单地通过经验共识去判断儿童虐待是属于某些群体或者某些家庭的产物。儿童虐待在分布方面虽然有些群体和差异性特征。但是总体上来看，儿童虐待已经打破了传统的经验判断共识，对其风险因子的识别需要借助精算技术，去准确地识别，精准地定位。儿童虐待界定的模糊性，导致强调事后保护的司法介入模式难以为儿童提供全面的保护。

家庭是儿童成长最重要的场所，也是对儿童行为影响最大的地方。通过对儿童虐待类型与家庭风险因子分析可以发现：风险因子矩阵对高风险家庭识别具有较好的信度和效度。一是风险因子对儿童虐待识别具有准确性和真实性。调查数据显示：生活在父母离异、出走、身体有精神疾病、频繁发生暴力冲突、习惯用体罚等方式教育，或是父母或主要照顾者有滥用药品、犯罪、赌博、酗酒等不良习惯家庭的儿童遭受儿童虐待概率更高。男童比女童更容易遭受躯体虐待，留守或流动儿童更容易遭受情感忽视。风险因子从儿童自身、家庭问题和照顾者问题三个方面进行界定，具有准确性和真实性，即具有较好的效度。二是风险因子强度与儿童虐待程度之间存在稳定性和一致性关系。调查数据显示：儿童所处环境的风险强度越大，其遭受的儿童虐待程度越严重。儿童所处环境的风险系数强度与儿童遭受躯体虐待、性虐待、情感虐待、躯体忽视和情感忽视的程度成正相关。这说明风险因子强度与儿童虐待程度之间存在稳定性和一致性关系，结论也检验了风险因子的信度。三是风险因子聚焦于父母或主要照顾者的角色失调。调查数据显示：对儿童虐待影响比较显著的风险因子主要聚焦于父母的角色失调。根据角色类型，角色失调具体可以分为四类：一类是角色缺位。父母或主要照顾者角色缺位容易导致此环境下的儿童受虐，如生活在父母离异、出走或死亡、或身心障碍等环境下的儿童，由于父母在教育与抚养角色的缺位，容易遭受虐待。二类是角色无能。父母或主要照顾者存在经济上能力不足、教育子女技巧不足等问题，容易导致儿童遭受相应的虐待。三类是角色拒绝。父母或主要照顾者因其吸毒、嗜赌、犯罪、酗酒、打架等行为使其难以承担教育和养育子女的角色，实际上是间接或直接拒绝了其应承担的照顾和教育子女的角色。四类是角色冲突。父母或主要照顾者在儿童照顾上存在工作与亲子、子女与重组家庭之间的角色冲突。在工作与亲子之间冲突处理，有些选择了工作，就出现了大批的留守儿童；在子女与重组家庭之间的冲突，有些选择重组家庭的完整，就怂恿了继父或继母对其子女的各种侵害。风险因子的检验证明：受虐儿童所在家庭面临的风险因子存在显著差异，受虐儿童所在家庭面临的风险强度与对儿童虐待程度存在显著相关。这说明通过一定的精算技术法则能对儿童虐待风险因子进行较准确的识别，风险因子识别是高风险家庭儿童防虐体系运行的核心环节。四是父母教育程度与儿童虐待概率成负相关。在风险因子的检验过程中，可以发现，父、母亲的教育程度，尤其是父亲的教育程度与儿童虐待发生概率成负相关，即父、母亲教育程度越高，儿童遭受虐待概率也越低。这说明父母教育程度的提高，在一定程度上有利于提高儿童的保护因素，降低儿童的危险因素。父、母亲教育程度高，意味教育子女方法和技能的提升，以及可以获得较大的社会支持。因此，高风险家庭防虐中应重点以对家庭增能赋权为主。

儿童虐待被认为是对儿童成长与发展产生伤害的最重要因素，因此，在国际组织和域外的一些国家和地区采取的儿童福利服务措施中，儿童虐待的预防与保护是主要部分。通过调查数据可知：一是儿童虐待与其行为偏差显著相关。调查数据显示：遭受情感虐待、躯体虐待、性虐待、情感忽视和躯体忽视的儿童，其在情绪症状、多动、品行、同伴交流和亲社会行为方面容易走向边缘或异常水平。儿童遭受的虐待程度越严重，儿童在长处与困难方面出现边缘或异常水平的概率也越大。二是儿童虐待依托受虐儿童进行循环传递。调查数据显示：遭受父母或主要照顾者虐待或忽视的儿童，其在学习生活中容易对其周围人暴力或者不信任；父母或主要照顾者之间经常发生冲突，甚至打架，容易导致父母或主要照顾者将其处理家庭关系的方式搬迁至亲子关系中。这说明虐待存在传递，父母或主要照顾者打骂子女或者忽视子女，子女可能就会打骂其同伴或者忽视同伴情感。如果这种传递行为不予以矫正，就很可能产生循环，今天的子女成为明天的父母之后，依然采取虐待的方式教育其子女，如此以来，受虐家庭就进入了一个暴力或虐待循环的怪圈。三是风险因子对儿童行为产生直接和间接影响。风险因子对于儿童行为产生影响的路径分为两条：一方面通过儿童虐待中介变量产生影响，这是主要路径。风险因子导致儿童遭受虐待概率提升，遭受虐待儿童在行为方面容易出现偏差。另一方面直接影响。风险因子会直接导致儿童行为出现偏差概率增大，这是辅助路径。从风险因子、儿童虐待与儿童行为三个变量之间关系可知，儿童虐待行为已经显著影响儿童的行为，成为儿童成长的危险因素，因此建立高风险家庭儿童防虐体系对儿童保护具有较好的信度和效度。

建立以风险为基础的高风险家庭儿童防虐体系，应基于预防、优势、审慎和合作原则，建立起风险识别、风险干预和风险反馈的运行机制，并加强组织机构、信息平台、专业人才方面的配套保障建设。

目　录

第 1 章　引言

1.1　研究背景

儿童虐待（child abuse）是一个长期存在的社会问题。在早期社会，儿童的命运被父母和家族所主宰。儿童在很大程度上作为家庭的私人物品①，国家与政府很难对家族或家庭中的虐待与疏忽问题进行介入。随着社会进步，儿童的权利得到重视。在 1959 年，联合国发布的《儿童权利宣言》明确提出"儿童应是权利的主体"，并强调"人类具有为儿童提供最佳发展条件"的义务，遂使儿童虐待成为公众所关心的重要议题。以基本人权为主的儿童保护服务，也成为各国共同的政策规范。作为联合国《儿童权利宣言》缔约国，我国也建立了儿童保护体系。但在人口流动、离婚率上升以及家庭功能失灵现象频发的背景下，现有的儿童保护体系在儿童防虐中存在一些问题：一是家庭中心主义的理念逻辑难以解决家庭角色失调。我国在《中华人民共和国宪法》（以下简称"宪法"）中规定"父母有抚养教育未成年子女的义务"，而"国家和社会帮助安排盲、聋、哑和其他有残疾的公民的劳动、生活和教育"。根据宪法规定，子女抚育责任主要在家庭，只有儿童为残疾人的时候，政府才承担抚育责任。因此，我国儿童虐待预防与干预理念是基于一种家庭中心主义逻辑。基于家庭中心主义逻辑的儿童养育责任分工假设前提：家庭是功能齐全的单位。在人口流动和离婚率上升背景下，家庭功能失灵现象频发的背景下，这种将儿童保护责任转嫁给家庭，导致后果是生活在家庭角色不调环境下的儿童被虐风险就较高。二是以现金补助为主的方式难

---

① 陈云凡. 中国儿童福利供给中的政府与家庭行为分析［M］. 长沙：湖南人民出版社，2012：3.

以满足儿童多样保护需求。现有的儿童保护系统主要通过现金救助的方式对孤儿、贫困儿童、流浪儿童、残疾儿童提供经济救助，而对提升此类儿童或者家庭自助能力的社会服务较少。现金资助并不能解决所有困境，甚至不能满足绝大多数家庭的需要。① 这种以现金救助为主的保护模式一旦扩展到其他儿童，比如留守儿童，弊端就尤为明显。贵州毕节留守儿童服农药自杀就是一个典型的案例，这些留守儿童在经济上可能不匮乏，最需要的是社会情感关怀和支持。儿童性侵害、亲生父母溺死脑瘫子女、流浪儿童垃圾箱取暖中毒身亡、河南兰考火灾等事件的接连发生表明，纯粹依靠现金救助手段并不能有效解决日益复杂的儿童保护问题。三是事后保护的惩戒逻辑难以彰显法律的震慑力。在《宪法》《中华人民共和国婚姻法》（以下简称"婚姻法"）《中华人民共和国未成年人保护法》（以下简称"未成年人保护法"）《中华人民共和国反家庭暴力法》（以下简称"反家庭暴力法"）中都有针对禁止虐待儿童的规定，并规定了相应的法律责任。现有的制度设计主要通过事后介入进行保护，而依靠法律震慑力方式对儿童保护的效果甚微。据《最高人民检察院开展未成年人检察工作情况的报告》显示：从 2018 年至 2021 年，检察机关起诉侵害未成人犯罪 23.2 万人，年均上升 61%，性侵已成侵害未成年人最突出犯罪。2019 年至 2021 年，遭受犯罪侵害的未成年被害人从 4.65 万人上升至 5.2 万，年均上升 6.3%；其中，不满 14 周岁的未成年被害人占 56.5%。从上述可知：儿童保护形式堪忧，现有体系预防功能不足，事后介入保护逻辑产生的法律震慑力有限。② 儿童对于社会的美好愿望与我国现有保护体系的不平衡不充分的发展之间的矛盾成为我国儿童保护体系的主要矛盾，也成为推动儿童保护体系不断完善的主要动力。因此，建立和完善儿童虐待预防与干预机制成为我国儿童保护政策中的重要组成部分。③

我国儿童保护制度虽然存在一些不足，但政府对儿童保护的重视为建立

① 程福财. 从经济资助到照顾福利：关于上海儿童与家庭照顾福利需求的实证调查 [J]. 中国青年研究，2013（9）：67 – 71.

② 刘丽娟，陈云凡. 建立我国高风险家庭儿童监测保护体系研究 [J]. 社会保障研究，2017（1）：65 – 72.

③ 李环. 建立儿童虐待的预防和干预机制——从法律和社会福利的角度 [J]. 青年研究，2007（4）：1 – 7.

高风险家庭儿童防虐体系提供了发展契机。儿童保护与国家发展密切关联，我国的儿童保护体系建设大致经历了萌芽期（1949—1958 年）、初创期（1958—1966 年）、中断停滞期（1967—1978 年）、恢复重建与稳步发展期（1979—1989 年）、快速发展与制度化建设（1990—2010 年），重大突破期（2010 年至今）等。① 2010 年被称为中国的"儿童福利元年"②。这一时期，中国儿童保护制度建设加速推进，公共保护体系建设取得突破性进展。在制度建设方面，中国政府陆续出台了一系列加强儿童保护的政策文件。如 2010 年 11 月《国务院办公厅关于加强孤儿保障工作的意见》出台，标志着中国第一项儿童福利津贴制度正式确立，中国政府第一次面向全体孤儿承担起养育的主要经济责任，在儿童保护理念和政策上有了重大变化。之后，困境儿童逐步被纳入儿童保护范围。2011 年，国务院办公厅下发《关于加强和改进流浪未成年人救助保护工作的意见》，对流浪未成年人救助保护工作的总体要求和基本原则做了具体规定，重点加强了对流浪儿童的保护。2012 年 10 月，民政部、财政部下发了《关于发放艾滋病病毒感染儿童基本生活费的通知》，将基本生活保障补助制度延伸到了艾滋病儿童。2013 年，国务院转发《教育部等部门关于建立中小学校舍安全保障长效机制意见的通知》，民政部联合国家发展和改革委员会等 7 部门印发《关于进一步做好弃婴相关工作的通知》，民政部办公厅下发了《关于实施孤儿助学工程的通知》等一系列文件，从儿童安全保护、弃婴保护、孤儿教育等方面加强儿童保护。2014 年 12 月，最高人民法院、最高人民检察院、公安部、民政部联合下发了《关于依法处理监护人侵害未成年人权益行为若干问题的意见》，切实依法加强未成年人行政和司法保护工作，确保未成年人得到妥善监护照料、合法权益得到维护。党中央、国务院高度重视农村留守儿童关爱保护工作。党的十八届三中、五中全会分别对建立健全农村留守儿童关爱服务体系做出决策部署。国务院连续三年在《政府工作报告》中对农村留守儿童工作提出明确要求。《中共中央　国务院关于打赢脱贫攻坚战的决定》（中发〔2015〕34 号）将

---

①　刘继同 . 改革开放 30 年来中国儿童福利研究历史回顾与研究模式战略转型 [J]. 青少年犯罪问题，2012（1）：31 – 38.

②　刘继同 . 中国儿童福利时代的战略构想 [J]. 学海，2012（2）：50 – 58.

农村留守儿童关爱保护工作列为重点工作任务。进一步加强农村留守儿童关爱保护工作，为广大农村留守儿童健康成长创造更好的环境，是一项重要而紧迫的任务。2016 年 2 月 4 日，国务院印发了《关于加强农村留守儿童关爱保护工作的意见》（国发〔2016〕13 号）。2016 年 3 月 1 日起施行《反家庭暴力法》，该法对家庭暴力的定义、预防、处置、人身安全保护令和法律责任作出规定，对遭受家庭暴力的儿童给予特殊保护，并将国内国际上针对儿童保护的一些特殊制度扩展适用于其他无民事行为能力人和限制民事行为能力人，加大了立法特殊保护的范围。2016 年 6 月，国务院印发了《关于加强困境儿童保障工作的意见》，这是国家出台的一项针对困境儿童的兜底保障政策。2017 年 7 月，《民政部关于在农村留守儿童关爱保护中发挥社会工作专业人才作用的指导意见》对儿童领域社会工作者队伍建设以及配备"儿童督导员""儿童主任"提出具体要求。2020 年 5 月 28 日通过的《中华人民共和国民法典》，基于我国儿童保护的实际，借鉴以往法律中的有效经验，将儿童最大利益原则以及儿童自主权原则作为儿童保护的基本理念及基本原则，进一步加强了对儿童发展权、受保护权、尤其是参与权的保护。2021 年 6 月 1 日起施行的新修订的《未成年人保护法》，着力解决社会关注的涉未成年人侵害问题，包括监护人监护不力、学生欺凌、性侵害未成年人、未成年人沉迷网络等问题，尤其是增设未成年人权益受侵害时强制报告制度。

在政府重视下，儿童保护政策呈现了三个趋势：一是覆盖范围从传统的孤儿向困境儿童扩展；二是保护方式从现金救助向以现金救助为主兼顾服务的方向发展；三是从政府一元供给向政府主导社会多方力量参与方向发展。在政府重视下，儿童保护在保障对象、保护方式与保护主体方面都得到不同程度的拓展与深化。这就为建立高风险家庭儿童防虐体系提供了政策支持。

1.2　研究问题

儿童利益最大化是儿童保护的基本原则。儿童保护过程中，贯彻儿童利益最大化原则基本要求为：一是儿童伤害最小化。遭受不同类型虐待的儿童，即使采取专业性的支持方案，仍然会在儿童身心上留下或多或少的阴影。儿童伤害最小化就是要求尽可能降低儿童遭受虐待的概率，使其免遭伤害。二是儿童保护成本最小化。儿童保护成本最小化可以从两个方面理解：一方面是应发挥儿童虐待预防的规模效应，即集中专业力量和资源开发相应方案与手册，通过儿童虐待预防的规范化和标准化来降低儿童保护成本。另一方面是通过与家庭建立合作关系来降低保护成本。儿童防虐在很多程度上是涉及家庭隐私问题，采取司法模式容易受到家庭成员抵制，而建立在支持家庭的基础上就会因减少阻力而降低儿童保护成本。

儿童伤害最小化和儿童保护成本最小化的保护原则就要求儿童虐待预防与干预系统既要有"防患于未然"的预防系统，又要有"化危为机"的危机管理系统。前者主要基于风险的概念开展，而后者主要基于危机概念开展。"风险"与"危机"两个词语在词义上不同的，风险是"指可能发生，但是尚未发生"的事件，而危机是指"正在发生"的事件。基于两者衍生出的儿童虐待保护体系也是不同的。基于风险的儿童虐待预防系统主要针对"可能发生，但是尚未发生的"虐待的家庭，注重"事前预防"；基于危机的儿童保护系统主要针对"正在发生"虐待的家庭，注重"事后保护"。儿童虐待预防与干预体系要达到儿童伤害最小化和儿童保护成本最小化，关键就是要加强预防功能。如何提升儿童保护体系的防虐功能成为本文的核心问题。由于保护资源的有限性，儿童保护体系的预防功能一方面应能精准定位至高风险家庭，另一方面效能应是最大的。前者涉及高风险家庭风险因子识别矩阵的信度与效度问题；后者涉及高风险家庭防虐体系的信度与效度问题。围绕主要问题，具体分解为：

一是要证明风险家庭识别因子矩阵的信度与效度。只有拥有能识别"可能发生，但是尚未发生"的高风险家庭的风险矩阵，才能根据相应的风险类型采取措施。围绕该问题要重点解决两个分问题：第一个问题是风险因子对虐待影响是否存在显著影响。这个问题主要解决风险矩阵的效度问题，即风险识别的准确性和真实性；第二个问题是风险因子强度对儿童虐待程度是否存在显著影响，这个问题主要解决的是风险矩阵的信度问题，即风险识别指标的一致性和稳定性问题。

二是要证明高风险家庭防虐体系的信度与效度。遭受不同程度虐待是否会对儿童行为的产生影响，即遭受虐待的儿童是否在行为上容易出现偏差行为。这个层次主要解决高风险家庭防虐体系的信度与效度问题。如果虐待行为对儿童行为偏差不产生影响，建立儿童虐待预防体系的功效就甚微；如果虐待行为对儿童行为偏差会产生显著影响，建立儿童防虐体系是提高儿童和家庭福祉的有效措施。因此，围绕该问题研究两个分问题：第一个问题是儿童虐待对偏差行为是否产生显著影响，这个问题解决高风险家庭儿童防虐体系的效度问题。第二个问题是儿童虐待程度对于儿童偏差水平是否产生显著性影响。这个问题解决的是高风险家庭儿童防虐体系的信度问题。

三是分析如何以风险为基础建立高风险家庭儿童防虐体系。在建立识别高风险家庭风险因子矩阵之后，本部分重点解决的是"如何通过建立起风险干预、风险反馈以及配套措施，达到提升高风险家庭的保护因素，降低危险因素"的问题。

1.3　研究目的

采取科学化、系统化和智能化的方式提升保护效果已经成为儿童防虐体系发展趋势。本书的理论目的有三：一是以风险概念为基础提出高风险家庭儿童防虐体系制度框架，进行理论和思路创新；二是以预防为目的，通过制度设计与模式研究，丰富儿童福利研究内容；三是以支持家庭维系为手段探索高风险家庭防虐体系构建理论，可以弥补我国目前儿童保护理论研究的不足。本书的实务目的有三：一是建立风险因子矩阵和干预模式，精准识别高风险家庭，为儿童利益最大化提供支持；二是充分吸收现有科学技术手段，加强儿童预防体系研究，为我国政府加快民生政策体系建设提供政策参考；三是开展实证调查研究，为我国政府全面了解高风险家庭儿童状况提供实证资料。

1.4　概念界定

1.4.1　儿童虐待定义

儿童虐待（child abuse）在世界范围内受到广泛关注。儿童虐待的定义范畴不断扩展，从直接伤害扩展到包含直接和间接伤害的范畴。比较有代表性的定义有三种：世界卫生组织、英国国家儿童虐待预防调查委员会和美国联邦政府《全国儿童虐待防治法案》（见表1－1）。从三种定义可知，儿童虐待从伤害行为来看，既包括危害或损害儿童身心健康发展的行为，也包括照顾主体的不做出某行为导致儿童身心健康发展受危害或损害的作为。儿童虐待类型主要包括身体虐待、性侵犯、疏忽照顾及精神虐待四类。我们国家目前对于虐待在政府相关文件中缺乏明确的定义。依照《中华人民共和国未成年人保护法》规定在全国设立的未成年社会保护工作试点地区，将家庭贫困未成年人，监护缺失或事实无人监护未成年人，遭受家庭暴力、虐待、遗弃、故意伤害、性侵害等几类未成年人群体列为重点保护对象。从相关文件以及制度实践来看，我国儿童虐待与家庭暴力、性侵还是并列的概念，主要从狭义上定义。鉴于广义上定义考虑到不同类型儿童虐待的共同性，为全面有效评估儿童虐待，本文采取的儿童虐待概念是属于广义上的，指照顾者使儿童少年遭受身体虐待、精神虐待、性虐待；或因照顾上的疏忽，致使儿童少年的健康或福祉遭受损害及威胁。

表 1-1　儿童虐待主要定义

来源	定义
世界卫生组织①	虐待儿童是对 18 岁以下儿童的虐待和忽视行为。它包括在一种责任、信任或有影响力的亲密关系中的各种身体和（或）情感虐待、性虐待、忽视、疏忽、商业或其他剥削，这给儿童健康、生存、发展或尊严造成了实际伤害或潜在伤害。
英国国家儿童虐待预防调查委员会（National Commission of Inquiry into the Prevention of Child Abuse，1996）	儿童虐待是指个人或机构给儿童带来的直接或间接伤害，或危害儿童未来进入成年的安全和健康发展。
美国联邦政府《全国儿童虐待防治法案》（Federal government of the United States）（Child Abuse Prevention and Treatment Act，1974）	儿童虐待指父母或主要照顾者对 18 岁以下的儿童或由各州自行界定之儿童保护年龄加以身体上的伤害、性虐待或情绪伤害，致使儿童的身体或心理安全遭受实质的威胁或伤害。

① Organization（WHO）. Report of the Consultation on Child Abuse Prevention［M］. Geneva，1999：29-31.

1.4.2　高风险家庭定义

高风险家庭（high risk family）在实务中定义可以追溯到 1999 年美国新墨西哥州。在 1999 年，美国新墨西哥州贫穷、单亲家庭，以及青少女未婚怀孕比较严重，被认为是美国最糟的地区。为加强对这些家庭的管理，该州将"未婚怀孕、单亲、离婚、虐待、物质滥用，以及入监服刑的双亲"的家庭称为高风险家庭。① 学界对于高风险家庭的定义主要从五个维度：一是从经济维度，认为家境贫穷、主要照顾者的失业、以及家庭负债等问题是儿童照顾中面临的高风险因子。② 二是从主要照顾者行为维度，认为生活在主要照顾者有出走、入狱、冲突、自杀、酗酒、药瘾等问题的家庭为高风险家庭。③ 三是从家庭结构维度，认为照顾者死亡、离婚等也会影响家中的稳定程度，造成高风险因子。④ 四是从家中成员的身心问题维度，认为主要照顾者患精神疾病，儿童的发展迟缓、身心障碍、罹患重大疾病等，是造成高风险的因素。⑤ 五是从社会环境因素维度，认为主要照顾者健康状况欠佳，社会性或学习机会缺乏也是高风险因子⑥。综上所述，本书采用的高风险家庭定义是指因经济问题、家庭成员的行为问题、家庭结构、环境因素、家中成员的身心问题等，导致生活在这个家庭的儿童有较大概率无法获得适当的生活照顾而使其正常的身心社会发展受到危害的家庭。

1.5　研究内容安排

本书内容在充分发挥预防力量，让风险管理成为儿童防虐中的一种实务

---

① Advocates K Y, Inc, Consortium L, et al. Transition years count: An adolescent profile [J]. KIDS COUNT County Data Book, 1999: 281.

② Lewis M E F C. Families, Risk, and Competence [J]. Journal of Marriage & Family, 1998, 61 (4): 1086.

③ Hawkins J D, Catalano R F, Miller J Y. Risk and protective factors for alcohol and other drug problems in adolescence and early adulthood: Implications for substance abuse prevention [J]. Psychological Bulletin, 1992, 112 (1): 64.

④ Alexander F E, Boyle P, Carli P M, et al. Spatial clustering of childhood leukaemia: summary results from the EUROCLUS project [J]. British Journal of Cancer, 1998, 77 (5): 818 – 824.

⑤ Tjossem T D. Intervention strategies for high risk infants and young children [J]. Journal of the American Academy of Child Psychiatry, 1978, 17 (4): 737 – 738.

⑥ Nguyenhieu T, Ha Thi B D, Do T H, et al. Gingival recession associated with predisposing factors in young vietnamese: a pilot study [J]. Oral Health Dent Manag, 2012, 11 (3): 134 – 144.

方法的基础上，遵循"为什么要建立"、"为什么能建立"和"如何建立"高风险家庭防虐体系三个问题开展。

本书的第二部分和第三部门围绕建立高风险家庭防虐体系的必要性分析展开，即解决"为什么要"的问题。第二部分从现有文献研究分析提炼出儿童保护的困境、趋势和经验：一是以危机为基础的儿童保护体系普遍面临困境。从儿童虐待定义、识别标准、取证程序以及评估等方面分析儿童保护在实务中面临的困境。二是分析儿童保护模式发展趋势。从横向与纵向进行比较，分析儿童保护政策发展趋势，尤其重点分析政府与家庭的关系。三是分析高风险家庭保护成效。通过对共识模式和精算模式的研究进行比较，分析高风险家庭保护工作的主要模式与局限性。同时，从研究设计的角度分析，对研究框架、研究假设、数据收集、研究工具和资料方面说明。第三部分围绕国内儿童虐待预防与干预制度运行特征进行分析。在该部分通过对我国儿童虐待预防与干预的立法、组织机构、运行程序进行分析，从中得出我国现有儿童保护模式的不足。重点分析现有保护体系的预防方式以及预防效果。从国内外文献研究以及对现有制度的剖析重点解决建立高风险家庭儿童防虐体系的必要性问题。

本书的第四部分、第五部分、第六部分围绕高风险家庭儿童防虐体系建立的可行性方面展开，即解决"为什么能"的问题。基于风险概念建构的高风险家庭儿童防虐体系关键是识别有效风险因子，因此，该部分是本文的核心内容，也是重点和难点问题。围绕重点问题需要解决三个层次问题：一是风险因子的信度与效度问题；二是高风险家庭防虐体系的信度与效度问题；三是高风险家庭防虐体系的因果关系问题。第四部分为描述性分析，首先是分析样本特征，以论证数据的代表性和科学性。其次是分析风险因子，风险因子从儿童自身、家庭层面和照顾者层面三个方面进行描述性统计分析。再次对儿童虐待调查数据进行描述性分析，分析情感忽视、躯体虐待、性虐待、情感虐待和躯体忽视五种虐待的现状。最后分析儿童行为，以儿童长处与困难的量表计算方法为准，对近六个月儿童的情绪症状、亲社会行为、多动问题、同伴交流和品行五个方面现状进行描述性分析。第五部分析风险因子、儿童虐待与儿童行为的关系。首先分析风险因子与儿童虐待的关系。本节从两个方面展开：一方面分析风险因子对儿童虐待的影响是否显著，即解决风险因子的效度问题；另一方面分析风险因子强度对儿童虐待程度影响是否显著，即解决风险因子的信度问题。其次分析虐待程度与儿童行为的关系。本节从两个方面展开：一方面是是分析虐待程度与不同儿童行为偏差关系，主要解决建立高风险家庭防虐系统的效度问题；另一方面是分析虐待程度与儿童行为偏差程度之间关系，主要解决建立高风险家庭防虐体系的信度问题。除此之外，本书还分析风险因子、儿童虐待与儿童行为的路径，通过三者的因果分析，提炼出对儿童行为影响最为显著的因素，以佐证高风险家庭儿童防虐体系建立的因果逻辑。第六部分从累积效应分析童年期儿童虐待对青少年早期行为问题产生的影响，从纵向角度验证研究结论的稳健性与科学性。

　　本书的第七部分围绕高风险家庭儿童防虐体系建立的科学性展开，即解决"如何建"的问题。发挥预防力量，在我国建立高风险家庭防虐体系既是一项精细化的工作，也是一项全新的工作。这就要求从建立原则、服务流程、配套措施各方面进行完善。服务流程对如何将支持家庭和风险管理技术融入到风险识别、风险干预和风险反馈的各个环节进行分析。配套措施主要对高风险家庭儿童防虐体系必需的技术、人员、管理支持进行分析。

第 2 章 文献回顾与研究设计

2.1 儿童虐待及其保护模式研究

2.1.1 儿童虐待及其相关因素研究

（一）躯体虐待相关研究

儿童虐待中最早认定的虐待方式是躯体虐待，是指主要照顾者对儿童打、踢、捏、勒、摇、烫和切等。[①] 躯体虐待影响因素研究有医学和社会视角。医学视角主要对儿童虐待程度、伤害特征以及虐待对身体发育的影响进行研究。儿童遭受躯体虐待的表象，医学上称之为"受虐儿童综合症"（battered child syndrome），指儿童遭受强烈的身体虐待与多次严重的伤害导致而成，如咬伤、瘀伤、鞭痕、烧伤、烫伤、拉伤等。[②] 有学者认为处于头脑发育脆弱阶段的年幼者（1~2 岁）容易遭受头部伤害[③]，而这造成儿童未来发展可能出现视力听力损害、心智迟缓等问题。有学者认为遭受非意外烧伤的儿童仅有 10% 能接受住院治疗[④][⑤]；意外烧伤与非意外烧伤有比较清晰的区别特

---

① Gredler G R. Clinical and forensic interviewing of children and families: Guidelines for the mental health, education, pediatric and child maltreatment fields [J]. Psychology in the Schools, 1998, 35 (2): 189 – 190.

② Andrews J P. The battered baby syndrome [J]. Illinois Medical Journal, 1962, 122 (12): 494.

③ Lowenthal B. Abuse and Neglect: the educator's guide to the identification and prevention of child maltreatment [M]. Paul H. Brookes Publishing Co., 2001.

④ Simon P A, Baron R C. Age as a Risk Factor for Burn Injury Requiring Hospitalization During Early Childhood [J]. Arch Pediatr Adolesc Med, 1994, 148 (4): 394 – 397.

⑤ Kuiri S S, Ghosh B C, Mandal N, et al. Epidemiological study of burn injury with special reference to its prevention—A Nine-year retrospective study from a tertiary care hospital of West Bengal, India [J]. Asian Journal of Medical Sciences, 2015, 7 (1): 70.

征，意外烧伤痕迹是不规则的，故意虐待的导致的烧伤则呈现整齐的伤痕。①有学者认为可以根据伤痕的淤青颜色识别儿童遭受伤害的时间，如伤痕的颜色为红色或紫色大约发生在5天前，绿色大约发生在5~7天，黄色大约发生在7~10天等等②。社会视角分析导致儿童遭受躯体虐待的社会因素。有学者认为儿童遭受躯体虐待与家庭有药物滥用和贫困与经济压力问题相关，且男孩比女孩更容易遭受身体虐待③④。有学者认为儿童虐待与夫妻暴力容易共同发生⑤，即容易出现暴力循环现象⑥。有学者从社会讯息沟通角度分析认为当父母对儿童相关信息的解释或期待存在偏见或扭曲时容易导致躯体虐待，尤其是对社会认知能力欠缺的父母⑦。有学者指出躯体虐待与非自杀性自伤存在正相关性⑧、与大学阶段身体攻击、言语攻击、愤怒、敌意等攻击行为呈正相关，与其自尊成负相关⑨⑩。

（二）疏忽相关研究

疏忽是指主要照顾者故意作为与不作为而使儿童遭受伤害或者没有满足儿童的基本照顾需求。疏忽基本可以分为三类：身体疏忽，指主要照顾者没有提供必要的衣服、食物以及教育；教育疏忽，指主要照顾者默许儿童旷课、

---

① Ishida K, Klevens J, Rivera-García B, et al. Child maltreatment in Puerto Rico: findings from the 2010 National Child Abuse and Neglect Data System [J]. Puerto Rico Health Sciences Journal, 2013, 32 (3): 124.

② Lowenthal B. Abuse and Neglect: the educator's guide to the identification and prevention of child maltreatment [M]. Paul H. Brookes Publishing Co., 2001.

③ Lowenthal B. Abuse and Neglect: the educator's guide to the identification and prevention of child maltreatment [M]. Paul H. Brookes Publishing Co., 2001.

④ Goldman J, Salus M K, Wolcott D, et al. A Coordinated Response to Child Abuse and Neglect: The Foundation for Practice [J]. Child Abuse and Neglect User Manual Series, 2002: 100.

⑤ Wildin S R, Williamson W D, Wilson G S. Children of battered women: developmental and learning profiles [J]. Clinical Pediatrics, 1991, 30 (5): 299.

⑥ Krajewski S S, Rybarik M F, Dosch M F, et al. Results of a curriculum intervention with seventh graders regarding violence in relationships [J]. Journal of Family Violence, 1996, 11 (2): 93–112.

⑦ Crouch J L, Milner J S, Skowronski J J, et al. Automatic Encoding of Ambiguous Child Behavior in High and Low Risk for Child Physical Abuse Parents [J]. Journal of Family Violence, 2010, 25 (1): 73–80.

⑧ 李佳睿, 刘丽婷, 毛绍菊, 等. 儿童期躯体虐待与非自杀性自伤相关性的Meta分析 [J]. 中国学校卫生, 2017 (6): 938–941.

⑨ 李佳睿, 刘丽婷, 毛绍菊, 等. 儿童期躯体虐待与非自杀性自伤相关性的Meta分析 [J]. 中国学校卫生, 2017 (6): 938–941.

⑩ 郭黎岩, 陈晨. 儿童期躯体虐待与大学生攻击性及自尊的关系 [J]. 中国学校卫生, 2016 (4): 529–531.

不上学等行为；情感疏忽，指主要照顾者忽视儿童的感情、安全等基本需求。① 疏忽的研究主要从儿童发展角度开展，有学者认为遭受到主要照顾者的疏忽容易导致儿童的社会情感、认知以及语言的发展迟缓。② 有学者指出疏忽可能导致人格异常、发展迟缓等问题，因此比其他虐待方式给儿童发展带来的伤害更大。③ 有学者对作为主要照顾者母亲的疏忽行为与儿童发展之间关系进行深入探讨，研究得出儿童的行为和发展与母亲沮丧等压力行为是负相关的，处于沮丧等情绪中的母亲，容易疏忽儿童的基本需要④。有学者指出目睹家庭暴力、父母欺骗等行为的儿童在学校更容易形成攻击性性格⑤。疏忽虽然对儿童发育与发展影响大，但是对于疏忽的认定标准还是不清晰的，主要依据社工对家庭状况判断而定。而对于我国监护人疏忽不当问题，有学者建议将监护疏忽入刑⑥。

（三）情感虐待相关研究

情感虐待是指主要照顾者使用威胁等言语使儿童的心理或情感遭受伤害的行为。⑦ 具体以言语或言语方式贬低儿童，如轻视、贬低等；或以羞辱或嘲笑的方式对待儿童。有学者指出遭受情感虐待儿童的生活与学习表现不佳概率更高，严重还会出现精神混乱、脾气暴躁、交友困难、容易被社会孤立，甚至有些还出现自杀企图⑧。在情感虐待测量过程中，情感虐待并不能靠单

---

① Lowenthal B. Abuse and Neglect: the educator's guide to the identification and prevention of child maltreatment [M]. Paul H. Brookes Publishing Co., 2001: 11 – 14.

② Hildyard K L, Wolfe D A. Child neglect: developmental issues and outcomes☆ ☆ [J]. Child Abuse Negl, 2002, 26 (6 – 7): 679 – 695.

③ Eckenrode J, Laird M, Doris J. School performance and disciplinary problems among abused and neglected children [J]. Developmental Psychology, 1993, 29 (29): 53 – 62.

④ Kotch J B, Browne D C, Dufort V, et al. Predicting child maltreatment in the first 4 years of life from characteristics assessed in the neonatal period [J]. Child Abuse Negl, 1999, 23 (4): 305 – 319.

⑤ Benavides L E. Protective Factors in Children and Adolescents Exposed to Intimate Partner Violence: An Empirical Research Review [J]. Child & Adolescent Social Work Journal, 2015, 32 (2): 93 – 107.

⑥ 李舒俊. 监护疏忽入刑的正当性考量与路径探析 [J]. 青少年犯罪问题, 2017 (5): 50 – 57.

⑦ Nunnelley J C, Fields T. Anger, Dismay, Guilt, Anxiety—The Realities and Roles in Reporting Child Abuse [J]. Young Children, 1999, 54 (5): 74 – 79.

⑧ Jones L P, Gross E, Becker I. The Characteristics of Domestic Violence Victims in a Child Protective Service Caseload [J]. Families in Society the Journal of Contemporary Human Services, 2002, 83 (4): 405 – 415.

纯的观察获得，也很少有情感虐待被通报，往往是与其他虐待形式相互重叠且附属其他虐待类型中。情感虐待可造成儿童内化性和外化性心理健康问题，且情感施虐严重程度、发生频度越高，儿童的心理问题也越严重①。儿童早期经历情感虐待，在抑郁体验方面明显高于非受虐者②。

（四）性虐待相关研究

性虐待可以分为接触性性和非接触性。儿童性虐待（Child Sexual Abuse）指与儿童发生的任何性活动，不论儿童是否同意，都称之为性虐待③。为了将性虐待与性游戏进行区分，有些专家提出儿童年龄相差 2~5 岁及以上才具有虐待性④。有些专家认为儿童性虐待应存在程度方面的差异⑤。我国学者徐汉明等将儿童性虐待分为重度虐待、中度虐待和轻度虐待⑥。联合国儿童基金对儿童性虐待定义：一是儿童指年龄在 18 岁及以下的孩子；二是儿童虐待分为接触性性虐待和非接触性性虐待⑦。性虐待虐待形式较多样，导致界定存在困难⑧。有学者研究发现性虐待对象主要为熟人⑨。熟人作案性虐待案件往往是出现意外才被发现的，儿童遭受性虐待的历程一般都比较长，有学者研究发现只有少数性虐待受害者能发现医疗证据，也有学者指出由于熟人采用权威或引诱的方式使受害者无法分辨是否违背其意愿⑩。有学者认为性虐

---

① 伍妍，邓云龙，潘辰. 儿童心理虐待与情绪行为问题：社会支持的中介效应 [J]. 中国临床心理学杂志, 2011, 19（4）：494 –495.

② 宋锐，刘爱书. 儿童心理虐待与抑郁：自动思维的中介作用 [J]. 心理科学, 2013（4）：855 –859.

③ Finkelhor D. What's wrong with sex between adults and children? Ethics and the problem of sexual abuse [J]. American Journal of Orthopsychiatry, 1979, 49（4）：692 –697.

④ Ryan C, Bradford J. The National Lesbian Health Care Survey：An overview [J]. 1993.

⑤ Fitzgerald L F. Sexual harassment：The definition and measurement of a construct [J]. Ivory power：Sexual harassment on campus, 1990, 21（22）：24 –30.

⑥ 徐汉明，刘安求. 儿童性虐待对受害者心理状况的影响 [J]. 医学与社会, 2001（1）：53 –55.

⑦ Pacific U. Commercial Sexual Exploitation of Children and Child Sexual Abuse in the Pacific：A Regional Report [Z]. Suva, 2008.

⑧ 李丽，谢光荣. 儿童性虐待认定及其存在的问题 [J]. 中国特殊教育, 2012（5）：18 –23.

⑨ Gredler G R. Clinical and forensic interviewing of children and families：Guidelines for the mental health, education, pediatric and child maltreatment fields [J]. Psychology in the Schools, 1998, 35（2）：189 –190.

⑩ Samadzadeh M, Abbasi M, Shahbazzadegan B. The Effect of Visual Arts on Education of Coping Strategies in Annoyed Children [J]. Procedia-Social and Behavioral Sciences, 2013, 83（4）：771 –775.

待对于儿童伤害较大，不仅使其自身遭受身心伤害，而且还会导致受虐儿童
有高危行为的特征①。有学者认为儿童性侵呈现低龄化的趋势②，大多数性虐
待发生 16 岁之前③。有学者认为应从预防、教育与治疗三个维度，建起保护
体系④。

　　综上所述，儿童虐待类型在理论上划分已经基本清晰，但在具体实务操
作过程中，一方面儿童虐待与儿童年龄、家庭特征、家庭结构等风险因子是
息息相关的⑤；另一方面根据虐待标准去筛选和鉴定儿童是否遭受虐待又面
临"漏出"困境。"隐藏暴力"现象比较普遍，给儿童带来长期伤害。

2.1.2　儿童虐待保护政策演变

　　儿童虐待保护政策分为纵向和横向两种维度：

　　一是从横向比较维度划分。横向比较根据不同国家在儿童虐待保护政策
价值与假设进行划分。有学者根据儿童虐待预防和干预的价值假设和制度安
排，将儿童虐待预防和干预模式分为二类：儿童保护模式（child protection
systems）和家庭服务模式（family service systems）。儿童保护模式强调政府通
过司法途径对高危家庭进行干涉，以英国、加拿大和美国等英语系国家为主。
家庭服务模式强调通过对家庭提供支持性服务来预防和处理家庭儿童虐待现
象，以瑞典、丹麦、法国、德国等为主。在家庭服务模式中，以促进社会团
结为目标，认为儿童虐待是由于社会因素所致，主要通过社会组织机构对家
庭需求评估，根据评估结果采取合作等方式为儿童提供支持和保护。因此，
国家与家庭关系是一种合作的关系，家庭对国家的干预不仅没有抵触情绪，
而且还比较主动接受国家所提供的服务。而在儿童保护模式中，认为儿童虐

---

　　①　王金娜，何平先. 儿童性虐待流行病学研究进展［J］. 中国学校卫生，2012（1）：126 –
128.
　　②　杨帆，江卫华，胥建，等. 西藏 480 名女大学生儿童期性虐待经历分析［J］. 中国学校卫
生，2014（9）：1421 –1423.
　　③　陈晶琦，徐韬，宫丽敏，等. 中国儿童性虐待的流行病学研究现状：测量工具、流行现状及
危险因素分析［J］. 中国妇幼卫生杂志，2014（4）：71 –74.
　　④　王小红，杨倬东. 国外儿童性虐待解决之道——基于预防、教育、治疗三维系统视角［J］.
重庆文理学院学报（社会科学版），2015（1）：114 –119.
　　⑤　王大华，翟晓艳，辛涛. 儿童虐待的界定和风险因素［J］. 中国特殊教育，2009（10）：78 –
85.

待是由于父母个人因素所致，主要通过司法途径对儿童提供支持和保护①，以保护儿童的个人权利为目标。在该模式中，国家与家庭关系是一种非合作立的关系，家庭对于国家的干预有比较大的抵触情绪。

二是从纵向比较维度划分。纵向比较维度从儿童保护政策发展历程进行划分，有学者根据国家和家庭在儿童保护中的角色，将儿童保护政策划分为四个发展阶段。第一阶段：自由放任主义与父权制（Laissez-faire and patri-archy）阶段。该理念盛行于 19 世纪，国家秉承最小干预法则，以尊重亲子关系隐私与神圣，较少对家庭干预。第二阶段：国家干涉主义及儿童保护（State paternalism and child protection）。该理念主导从 20 世纪初至第二次世界大战结束期间的儿童保护模式，基于儿童福祉，强调政府主动和强势介入。由于对原生家庭缺乏相应的保护，该模式保护效果欠佳。第三阶段：尊重家庭与双亲权利（The modern defense of the birth family and parent's）阶段。该理念受第二次世界后福利国家扩张影响，主张政府应在支持、保护和维系家庭上面开展工作，不仅要尊重父母养育子女的权利，也要重视父母与子女之间的情感需求。第四阶段：尊重儿童权利与自由等（Children's right and child liberation）。该观点认为在儿童保护过程中应尊重儿童的自主性，该观点主要受自由权利思想影响。支持与反对该观点的皆存在。

儿童保护政策变迁受传统取向、保护取向和自由取向的相互交叉影响②。无论是从横向，还是从纵向比较，支持和维系家庭成为儿童保护政策中的主流，简单的通过司法或者政府强势介入，保护效果最终是事与愿违。而在具体实践中，采取儿童保护模式的国家如加拿大和美国，正在试图转变儿童虐待预防与干预的国家与家庭关系③。通过增加社会机构和组织的介入，减少司法机构的直接介入，增强儿童保护体系的支持功能，使国家与家庭关系由一种对立关系向合作的关系发展④。因此，儿童保护模式以在儿童利益最大

① 陈云凡.儿童防虐体系比较：社会政策视角［J］.中国青年研究，2011（9）：43 – 45.
② 熊跃根.福利国家儿童保护与社会政策的经验比较分析及启示［J］.江海学刊，2014（3）：96 – 103.
③ 满小欧，李月娥.美国儿童福利政策变革与儿童保护制度——从"自由放任"到"回归家庭"［J］.国家行政学院学报，2014（2）：94 – 98.
④ 陈云凡.儿童防虐体系比较：社会政策视角［J］.中国青年研究，2011（9）：43 – 45.

化为准则的基础上，日益强调国家、父母和子女三者在权利、义务和职责之间的平衡。儿童保护政策的完善也应注重儿童及其家庭在儿童保护制度中主体性如何发挥①。

儿童保护与国家发展密切关联，根据北京大学刘继同教授、北京师范大学尚晓援教授等一些学者的研究，中国的儿童保护体系建设大致经历了萌芽期（1949—1958 年）、初创期（1958—1966 年）、中断停滞期（1967—1978 年）、恢复重建与稳步发展期（1979—1989 年）、快速发展与制度化建设阶段时期（1990—2010 年）、重大突破期（2010 年至今）等。总体而言，六十多年来特别是中国改革开放以后，中国的儿童保护工作取得了积极进展，无论是保护对象还是保护内容和保护形式都发生了积极变化，目前正朝着法治化、体系化、专业化的方向迈进。

2.1.3　政府介入儿童虐待困境研究

儿童在很长时间里被视为家庭的私人物品，因此，政府介入儿童虐待也存在诸多困境：一是体罚与虐待界限模糊。无论是在西方，还是在我们国家，早期的父母习惯以惩罚作为对儿童管教的一种手段。有学者研究表明：受中国传统文化的影响，儿童普遍倾向于接受父母采用体罚的管教方式，但也认为虐待不仅会伤害他们的身体，还可能影响父母在孩子心目中的正面形象甚至破坏亲子关系②。体罚作为一种管教手段，虽然在目的、态度、方式和伤害与虐待存在差异③，但是在实务中体罚与虐待界限较模糊。两者区分缺乏标准性方法去辨识，只能依靠社工或者其他人员凭专业性经验去识别。

二是儿童虐待类型定义模糊。现有研究较多集中在定义比较清晰的身体虐待和性虐待，较少研究定义比较模糊的儿童疏忽和情感虐待。鉴于对情感

---

① 杨生勇，陈小蓓. 国外对儿童保护的批判性研究及启示 ［J］. 国外社会科学，2017（2）：101 - 106.

② 祝玉红. 聆听与尊重：儿童权利视角下对儿童虐待经验的探索性研究 ［J］. 中国青年研究，2013（4）：50 - 55.

③ Crystal D S, Chen C, Fuligni A J, et al. Psychological maladjustment and academic achievement: a cross-cultural study of Japanese, Chinese, and American high school students ［J］. Child Development, 1994, 65（3）：738.

虐待行为的诊断和评量的争议性较大，因此，医学与法律缺乏对其明确的定义①。定义不清楚，这就导致一方面对于儿童虐待类型与结果缺乏一致性推论②；另一方面对于不同类型儿童虐待在实务中识别存在争议③。在我国，儿童虐待还缺乏官方界定④，在虐待罪范畴下开展儿童虐待干预容易将大部分遭受虐待的儿童排除在保护体系之外。

三是司法介入的证词模糊。进入司法程序的儿童虐待受害者在陈述亲人或者主要照顾者侵害行为时，或因为身心不稳定，或是担心重新安置，容易回避或者忽略施虐者虐待的情景。如遭受性虐待的儿童容易采取离解（dissociation）心理防卫机制，假装自己没有受虐，或是采取自责的方式来降低主要照顾者对其施虐所造成的伤害⑤。同时由于儿童对时间认知能力尚不成熟，难以清晰地定位虐待的时间，因此，儿童认知等方面的不成熟也会影响其对法庭用词或法律程序的理解程度⑥。而这就容易导致在司法诉讼过程中，司法调查的焦点模糊。作为辅助儿童证词的专家证词在司法程序中应用比较普遍，有些专家主张利用包括性器官的模具等辅助工具与遭受性虐待的儿童进行交谈，然后再进行相关的鉴定⑦⑧。有些甚至认为借助这些辅助工具为儿童虐待提供诊断之窗⑨。但是这种借助辅助工具，有可能出现诱导性问话，因

---

① Hamarman S, Pope K H, Czaja S J. Emotional abuse in children: variations in legal definitions and rates across the United States [J]. Child Maltreatment, 2002, 7 (4): 303.

② Depanfilis D, Zuravin S J. Predicting child maltreatment recurrences during treatment [J]. Child Abuse & Neglect, 1999, 23 (8): 729 – 743.

③ Brassard M R, Edwards A A. Child Maltreatment: Psychological Maltreatment [J]. 2014: 712 – 718.

④ 乔东平, 谢倩雯. 中西方中西方"儿童虐待"认识差异的逻辑根源 [J]. 江苏社会科学, 2015 (1): 25 – 32.

⑤ Childs L S, Timberlake E M. Assessing clinical progress: A case study of Daryl [J]. Child & Adolescent Social Work Journal, 1995, 12 (4): 289 – 315.

⑥ Lipovsky J, Stern P. Preparing Children for Court: An Interdisciplinary View [J]. Child Maltreatment, 1997, 2 (2): 150 – 163.

⑦ Lamb M E, Hershkowitz I, Sternberg K J, et al. Investigative interviews of alleged sexual abuse victims with and without anatomical dolls [J]. Child Abuse & Neglect, 1996, 20 (12): 1251 – 1259.

⑧ Phillips E, Oxburgh G, Gavin A, et al. Investigative Interviews with Victims of Child Sexual Abuse: The Relationship between Question Type and Investigation Relevant Information [J]. Journal of Police & Criminal Psychology, 2012, 27 (27): 45 – 54.

⑨ Lamb M E, Hershkowitz I, Sternberg K J, et al. Investigative interviews of alleged sexual abuse victims with and without anatomical dolls [J]. Child Abuse & Neglect, 1996, 20 (12): 1251 – 1259.

此专家证词在司法程序的可信度一般不高或者因其诱导导致儿童证词前后不一致①。儿童虐待罪也成为当前我国研究的热点问题②。我国《刑法修正案》中虽然单列了虐待罪，但是并没有单独定义虐童罪③，在司法介入时更为模糊。

四是专家评估标准模糊。儿童虐待涉及到儿童的身心各方面，因此对儿童的虐待评估成员一般由跨学科的专家组成。跨学科的专家的介入，在一定程度上简化了调查程序和减轻了受虐者的二次伤害④。但专业和经验的差异导致专家评估标准和焦点也是不同的，如医学方面的专家更可能强调对身体伤害的指标，社会工作方面专家更容易聚焦在情绪伤害方面，法律或司法方面的专家则较容易强调证据的收取⑤。

儿童保护过程中面临的体罚与虐待界限模糊、定义模糊、证词模糊以及评估标准模糊等困境，这就导致政府在介入儿童保护过程中容易出现保护对象定位不精准、保护方法不科学以及保护效果不佳的现象。

2.2　高风险家庭防虐及风险评估研究

2.2.1　高风险家庭防虐的理论研究

高风险家庭防虐的理论主要基于优势理论，传统社工理论从病理归因视角出发，聚焦于案主的问题⑥。而优势理论认为应转变视角，聚焦于案主的发展前途、价值等优势元素，通过正向的合作与支持，促成案主改变。优势观点的包括增权、韧力、成员归属、信念和情感等元素⑦。其中"韧力"中许多原则被应用于社会工作实务领域中。"韧力"指案主在逆境中反弹的能

---

①　Quas J A, Mcauliff B D. Accommodating Child Witnesses in the Criminal Justice System: Implications for Death Penalty Cases [M]. Springer New York, 2009.

②　丛文君. 儿童虐待的心理危害、致成因素及法律对策研究——以增设虐待儿童罪为视角 [J]. 法学杂志, 2014, 35 (4): 72-78.

③　李文军. 虐童行为刑法规制的困境及其解决 [J]. 青年研究, 2015 (2): 58-66.

④　Lipovsky J, Stern P. Preparing Children for Court: An Interdisciplinary View [J]. Child Maltreatment, 1997, 2 (2): 150-163.

⑤　Lawson M A, Alamedalawson T, Byrnes E C. A Multilevel Evaluation of a Comprehensive Child Abuse Prevention Program [J]. Research on Social Work Practice, 2012, 22 (5): 553-566.

⑥　Zastrow C. The practice of social work [M]. Dorsey Press, 1981: 2-3.

⑦　Saleebey D. The strengths perspective in social work practice [M]. Pearson, 2008: 25-30.

力，也指在逆境中完成正向适应的历程①。近年来，儿童风险与韧力的研究成为学术界关注的热点，韧力也被学者从不同角度进行阐释：有学者认为是指技能、才能等因时间积累而形成的洞察力②；有学者认为是在各种风险情境中，拥有维持适当功能，且能克服逆境的机会③；有学者认为是案主在面对逆境时拥有的反弹能力④。

有学者将影响韧力发展的关键因素划分为三类：危险因素、保护因素和新生因素。危险因素是指提升案主的风险程度与形成较差结果可能的元素；保护因素是指增加案主从逆境中复原的可能性元素；新生因素是指通过经验启示等方法提升案主学习、获取资源等方面的元素。危险因素会导致个人能力的发展与机会受阻，保护因素与新生因素会使案主随着时间积累而逐步增进个人能力，并积累相应的资产，最终达到建立保护性与支持性的环境⑤。具体到儿童虐待研究中，有学者认为风险因素是增加儿童负向发展的变量，如父母酒瘾、贫困、父母离婚或死亡等⑥。有学者认为有些儿童成长中有风险因素，但却没有发展出负向结果⑦。有学者对这些结果做出了进一步的解释，认为儿童对风险因素敏感性的变化是与保护性因素息息相关的，保护性因素是降低处于风险中的儿童向负向结果发展概率的变量⑧。有学者认为应

① Walsh F. A Family Resilience Framework：Innovative Practice Applications ［J］. Family Relations，2002，51（2）：130 – 137.

② Saleebey D. The strengths perspective in social work practice：Extensions and cautions ［J］. Social Work，1996，41（3）：296 – 305.

③ Smokowski P R，Mann E A，Reynolds A J，et al. Childhood risk and protective factors and late adolescent adjustment in inner city minority youth ［J］. Children & Youth Services Review，2004，26（1）：63 – 91.

④ Walsh F. A Family Resilience Framework：Innovative Practice Applications ［J］. Family Relations，2002，51（2）：130 – 137.

⑤ Saleebey D. The strengths perspective in social work practice：Extensions and cautions ［J］. Social Work，1996，41（3）：296 – 305.

⑥ Hill N E，Ramirez C，Dumka L E. Early Adolescents' Career Aspirations：A Qualitative Study of Perceived Barriers and Family Support among Low-Income，Ethnically Diverse Adolescents ［J］. Journal of Family Issues，2015，24（7）：934 – 959.

⑦ Dumka L E，Roosa M W，Michaels M L，et al. Using Research and Theory to Develop Prevention Programs for High Risk Families ［J］. Family Relations，1995，44（1）：78 – 86.

⑧ Werner E E S R. Overcoming the Odds：High Risk Children from Birth to Adulthood ［J］. Ithaca New York Cornell University Press，1992：289.

加强对心理弹性的培育有助于提升保护因素的能力①。

为达到预防虐待的目标，鉴于高风险家庭具有韧力，风险评估被引入儿童防虐体系中，具体操作是通过对案主的逆境以及阻碍适应的危险因子进行识别，并从中挖掘有助于案主保护与新生因子增强的力量，并量化成为具有可操作性的风险评估指标。

2.2.2　高风险家庭风险评估研究

为充分识别高风险家庭和降低儿童成长风险，高风险家庭风险评估系统应运而生。通过对国内外的研究资料整理，根据指标产生过程，将现有的评估体系基本上可以划分为两类：精算系统模式（Actuarial system）和共识系统模式（Consensus-based system）。

共识系统模式主要由具有丰富经验的实务专业工作人员通过对儿童虐待案件特征进行详细的评估，以临床判断、经验法则等方法，达成具有共识的一致性判断指标②。共识系统为儿童虐待的专家判断提供了一个基本判断标准，并且临床经验判断有助于儿童虐待风险因子的识别③。但这种方法在实务中面临专家共识难以达成完全一致，以及支撑作为推论和决策的依据的个案不足的问题④。

精算系统模式主要通过精算的方法，从实证的资料中推算出可能导致儿童遭受虐待的风险因子，并以此分析风险因子与儿童虐待案件事实的相关性⑤。该系统依据长期序列数据建立各项指标指数，进而建立一个评量工具以推算儿童遭受的虐待的可能性，在一定程度上降低了社会工作者风险判断谬误。该系统虽然不能达到百分之百的准确性，基于精算的方法在一定程度

①　刘文，刘娟，张文心. 受心理虐待儿童的心理弹性发展［J］. 学前教育研究，2014（3）：43 – 49.

②　Baird C，Wagner D，Healy T，et al. Risk assessment in child protective services：consensus and actu-arial model reliability［J］. 1999，78（6）：723 – 748.

③　Knoke D，Trocme N. Reviewing the Evidence on Assessing Risk for Child Abuse and Neglect［J］. Brief Treatment & Crisis Intervention，2005，5（3）：310 – 327.

④　Holosko M J，Ojo J. Risk Assessment：Issues and Implementation in Child Protective Services［M］. Springer International Publishing，2015：18 – 25.

⑤　Murphy-Berman V. A conceptual framework for thinking about risk assessment and case management in child protective service ☆［J］. Child Abuse & Neglect，1994，18（2）：193 – 201.

上提高了系统的可信度①。精算系统能帮助社会工作人员一致和精准的判断，有学者对精算系统实效检验，得出能在实务中有效地识别出高风险家庭②。

2.2.3　高风险家庭风险评估实务模式研究

发达国家的儿童保护服务，日益倾向以科学化和标准化的方法来评估儿童所面临的危机，并且渐以此方法为研究的目标，建立对儿童面临风险的监测标准，以及建构某些标准化的风险预估与防治模式。在这方面的探索，美国是先行者。美国公共福利协会从美国各州的儿童保护业务结构发现，已有38个机构采用风险监测评估系统，其中有26个机构自1987年就已经开始采用③。美国在实践中，形成了五种有代表性的模式：

（一）矩阵模式（Matrix Approach）

矩阵模式是儿童监测保护最先采取的模式，主要采取表格式的评量方式，对儿童所面临的风险程度等级进行划分。如华盛顿州建立的华盛顿风险评估矩阵（The Washington Risk Assessment Matrix，WRAM）。评估项目是从社会机构工作人员经验出发，将评价因素分为儿童特质、虐待及疏忽程度指标、虐待的历史与再犯的机率、主要与次要照护者特质、照护者与儿童关系、社会经济因子和虐待者的手段等④。等级划分：等级划分方法是将这些风险因素划分六个等级（一点也不危险、非常低危险、低危险、普通、高危险、非常危险），根据这些评分来确定儿童所面临风险的大小⑤。在该模式中社会工作者主要承担儿童风险等级评估和保护性服务提供。社会工作者针对不同的风险等级提供相应的保护性服务。矩阵模式建议实务工作者利用儿童遭受侵害的严重性、经常性和侵害历史等指标分数作为危机评估的基准点，然后使用

---

①　Baird C, Wagner D, Healy T, et al. Risk assessment in child protective services: consensus and actuarial model reliability [J]. 1999, 78 (6): 723 – 748.

②　Coohey C, Johnson K, Renner L M, et al. Actuarial risk assessment in child protective services: Construction methodology and performance criteria ☆ [J]. Children & Youth Services Review, 2013, 35 (1): 151 – 161.

③　Knoke D, Trocme N. Reviewing the Evidence on Assessing Risk for Child Abuse and Neglect [J]. Brief Treatment & Crisis Intervention, 2005, 5 (3): 310 – 327.

④　Marshall D B, English D J. Survival Analysis of Risk Factors for Recidivism in Child Abuse and Neglect [J]. Child Maltreatment, 1999, 4 (4): 287 – 296.

⑤　Baird C, Wagner D, Healy T, et al. Risk assessment in child protective services: Consensus and actuarial model reliability [J]. Child Welfare, 1999, 78 (78): 723 – 748.

可计算的矩阵分类加以区分家庭功能的强弱之因素[1]。这为实务工作者提供了一个基本的标准工具。

（二）共识系统模式（Consensus-based System）

共识系统模式主要由相关专家从不同类型特质中的个案中提炼出共同的风险因素，并依据这些风险因素对儿童风险进行判定。评估项目主要采用临床判断、经验法和访谈等技术对儿童遭受虐待或疏忽的危险程度进行评估。评估方法：要求社会工作者能依据经验预测方式，如临床经验、主观直觉、洞察力和访谈技巧等，进行评估与分析儿童未来遭受虐待或疏忽的可能危险程度[2]。社会工作具有较大的裁量权，同时也要求其具有较高的专业判断能力。共识系统模式通过对儿童保护的经验研究，组合与辨别临床实证的危机因子，并在此基础上建构出共识系统危机评估模式，以图检验出核心的危机因子[3]。

（三）家庭因子模式（Family Assessment Scales）

家庭因子模式是以父母亲、儿童、兄弟和家庭功能等因素为基础，来评估和测量儿童和家庭的功能，进而预测儿童所面临风险程度[4]。如美国加利福尼亚州建立的"家庭评定因素分析模式"（The California Family Assessment Factor Analysis，CFAFA）。评估项目包括对事件评估、儿童评估、照护者评估和家庭评估。等级划分：将儿童所面临的风险分为无此现象、不太确定、低度风险、中度风险和高度风险五个等级。家庭因子模式中社会工作人员在介入过程必须能识别受理个案所遭遇的风险因素和家庭的资源。该模式需要花费较长的时间进行评估，有些表格与儿童保护的真实事件并不是完全一致。因此，该模式适用性受到一定的限制。

---

① Coohey C, Johnson K. Actuarial risk assessment in child protective services: Construction methodology and performance criteria [J]. Children & Youth Services Review, 2013, 35 (1): 151 –161.

② Baird C, Wagner D, Healy T, et al. Risk assessment in child protective services: Consensus and actuarial model reliability [J]. Child Welfare, 1999, 78 (78): 723 –748.

③ Wald M S, Woolverton M. Risk assessment: The emperor's new clothes? [J]. Child Welfare, 1990, 69 (6): 483 –511.

④ Sledjeski E M, Dierker L C, Brigham R, et al. The use of risk assessment to predict recurrent maltreatment: A classification and regression tree analysis (CART) [J]. Prevention Science the Official Journal of the Society for Prevention Research, 2008, 9 (1): 28 –37.

（四）生态系统模式（Child at Risk Field system）

该模式运用生态学理念建构儿童风险评估模式，将儿童行为表现、个案特质与儿童虐待结果加以统计分析，以推测儿童所面临的风险大小和类型，并根据预测的结果采取防范措施。如密西根广泛使用的危机评定决策系统[1]。该模式提出主要风险因素有三部分：疏忽危机评估指标、虐待危机评估指标和儿童需求与照护者服务评估。该模式对上述指标结果得分加总，作为评估家庭风险类别和等级的依据。等级划分比较细，具体到遭受某一类侵害或虐待的风险程度。社会工作者一方面依据上述指标对儿童风险程度进行判定，另一方面是建立系统性福利服务程序与流程。儿童的生态系统模式的研究也将调查聚焦在儿童保护之具体功用上，如对于身体、性侵害等的虐待类型上，这就有利于提高量表的内部信度。该模式采用具有结构式的比较分析，且以儿童虐待的历史与家庭成员的访谈结果为主，将这些资料有系统地加以分析，进而达成一致性判断，有助于提升指标的一致性[2]。

（五）精算模式（Actuarial system）

精算模式需以广泛的调查资料为基础，并从实证量化研究的资料中提炼风险因子，且以实际案件进行参照，分析风险因子与实证结果和案件事实的关联性。这种模式的评分方式有助于辨识和分析家庭系统得分类别，并能较准确地分析儿童风险等级。如阿拉斯加州，通过儿童研究中心开发的精算风险评估工具建构一个简单明了又有效的规范性评量工具，以推算儿童受虐待的相对可能性。社会工作者在该模式中的工作任务比较清晰，而且效率比较高[3]。该模式试图从大量案件的情境以及相互作用的结果中提炼出关键的因子。并从实证量化监测的资料中建立风险与关键因子的关联度[4]。等级划分：该模式将在家庭系统中儿童遭受不同侵害风险划分为低度、普通和高危险层

① Widom C S, Shepard R L. Accuracy of adult recollections of childhood victimization：Part I ［J］. Psychological Assessment，1996，8（4）：412－421.

② Cantor J M, Lafaille S, Soh D W, et al. Diffusion Tensor Imaging of Pedophilia ［J］. Archives of Sexual Behavior，2015，69（1）：245－251.

③ Baird C, Wagner D, Healy T, et al. Risk assessment in child protective services：Consensus and actuarial model reliability ［J］. Child Welfare，1999，78（78）：723－748.

④ Schuerman J R, Mullen E, Stagner M, et al. First generation expert systems in social welfare ［J］. Computers in Human Services，1989，4（1）：111－122.

级。社会工作者在该模式中的工作任务比较清晰，而且效率比较高。该模式依据长期资料监测，并建立虐待评估基准的各项指标与指数，用计算机逻辑的运算方式来统计过去特定时段对于实际发生的个案件之相关数据，进而推算重复发生的几率和所需对应的成本，建构简单明了又有效的评量工具以推算将来再度受虐待的相对可能性，再者也可以降低因个案工作/个案管理者的风险评估的谬误①。虽然没有一个评量系统可以达到百分之百的一致性，但精算模式在其他的评量系统中，其可信度较高，且较能预测虐待事件状况的危险程度。

风险评估系统虽然在国外儿童保护得到广泛应用，但"如何对高风险家庭准确识别"成为实务中的难题。因为，利用风险评估系统可能出现两种错误：其一是虚假的正向结果，即非危险家庭被评估为高风险家庭；其二是虚假的负向结果，即高风险家庭被判断为安全。因此，在建立风险评估体系需要解决三个问题：第一是敏感性问题，即通过该系统多少高风险家庭能被正确的识别；第二是特殊性问题，即多少低风险家庭能被正确的鉴定；第三是应用问题，该指标在多大范围内能被正确使用。

根据高风险家庭儿童防虐评估研究可知：一是风险评估是一种预测工具。预测人的行为本身是困难的。风险评估工具仅仅是用来预测的工具。评估工具不是用来评估诸如家庭动态或其他重要的功能性问题，也不构成治疗计划。在已知风险评估结果的情况下，如何防止或减少未来行为的后果，需要社会工作者具有临床和专业知识。二是风险评估是一种筛选工具。不同风险评估模式针对高风险家庭计划已经取得一定程度的成功，尤其在更准确地识别高风险的儿童和家庭方面。当前已被确定为初始虐待或侵害有关的因素包括母亲和父亲抑郁症、药物滥用、失业、社会隔离、孩子不切实际的期望、被父母虐待的历史。具体到最初的身体虐待的因素包括产妇年龄、单亲家庭状况、父母家暴的历史、配偶暴力、无计划或负向怀孕的态度、父母吸毒史、父母社会隔离、产妇的精神障碍、母亲受教育程度等。基本危险因素达成共识，这也说明儿童保护风险具有可筛选性，这为风险评估工具的发展提供了实践

---

① PhD D W, Moses T, Furman W, et al. The Effects of Computerization on Public Child Welfare Practice [J]. Journal of Social Service Research, 2003, 29（4）：67－80.

条件。三是风险评估是一种精细工具。儿童风险评估，比较常用的手段包括华盛顿风险评估矩阵（WRAM）、加州家庭评估因子分析（CFAFA 或弗雷斯诺模型）、阿拉斯加模型，以及儿童研究中心（CRC）开发的精算风险评估工具。大多数工具在可靠性和预测效度制定的标准上存在一定不足。然而，许多领域的研究已经发现，精算（统计学驱动）预测比无辅助临床预测效率更高。精算方法是能替高风险家庭进行正确分类的工具。相关的追踪研究表明：通过精算模型工具的前瞻性验证发现得到较好的检验。该工具能够对潜在虐待家庭陷入低、中、高、极高风险进行正确分类。精算模式具有效度和信度方面的优势。这说明对于儿童的监测数据的获得是风险评估模式成败的关键。尤其是在大数据时代，大数据分析技术可以为监测数据提供强有力技术支撑。其他模式的信度与效度存在一定不足，主要是由于监测数据资料缺乏。监测数据资料缺乏导致评估工具难以精细化。因此，在不断的监测数据积累基础上，各种模式的精细化还需要一个较长的过程[1]。

2.3　研究设计

2.3.1　研究框架与假设

（1）研究框架

社会保护的措施主要分为两条路径：一条是以危机介入为主的事后保护；另一条是以风险预防为主的事前保护。我国采取的是以危机介入为主的事后保护。危机干预的前提要求保护对象特征具有高度识别性，如根据家庭收入或消费水平进行经济救助。危机干预保护效果还受污名影响，如果保护对象显性特征而且污名程度比较低，保护对象识别率就高，保护效果就比较好；如果保护对象具有显性特征且污名程度比较高，保护对象识别率就比较低，保护效果就比较差。风险预防的前提是要求风险因子具有可识别性。风险预防以支持性措施为主，受到污名影响较小。从我国儿童保护现状来看，儿童虐待具有隐蔽性特征，且具有较强的污名特征，单纯依靠危机介入所产生的保护效果有限，需要引入风险预防措施。基本思路是首先分析风险因子、儿

---

① 刘丽娟，陈云凡.建立我国高风险家庭儿童监测保护体系研究 [J].社会保障研究，2017（1）：65 - 72.

童虐待以及儿童行为特征现状，其次分析儿童虐待风险因子可识别性，最后根据风险因子设计相应介入措施。因此，本书以实现儿童利益最大化为目标建构高风险家庭儿童防虐体系，通过儿童伤害最小化和儿童防虐成本最小化为准则，发挥预防力量，让风险管理成为儿童保护的一种切实可行的实务方法。根据优势视角理论中的儿童韧力包括危险因素、保护因素与新生因素。高风险家庭儿童防虐体系运行原理：通过对影响儿童虐待的风险因子进行识别，然后在识别基础上建立风险评估指标，以筛选高风险家庭儿童。针对高风险家庭儿童，采用优势视角社会工作方法进行风险干预，以提升保护和新生因子，进而降低高风险家庭儿童对危险因子的敏感度（见图 2 - 1）。

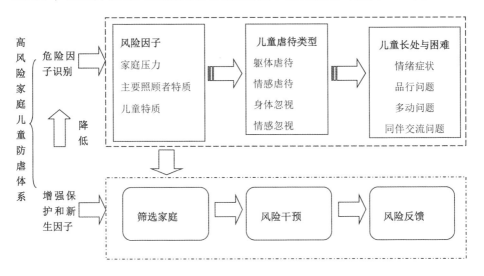

图 2 - 1　研究框架

（2）研究假设

根据研究目的、文献综述和理论基础，本文提出如下假设：

问题一：受虐儿童所在家庭面临的风险因子是否存在显著差异？

假设 1：生活在父母离异、出走、身体有精神疾病的家庭的儿童遭受虐待概率更高；

假设 2：生活在父母或主要照顾者有滥用药品、犯罪、赌博、酗酒等不良习惯的家庭的儿童遭受儿童虐待概率更高；

假设 3：生活在父母或主要照顾者频繁发生暴力冲突的家庭的儿童遭受儿童虐待概率更高；

假设4：生活在父母或主要照顾者喜欢用体罚等方式教育的家庭的儿童遭受儿童虐待概率更高；

假设5：男童比女童更容易遭受躯体虐待，留守或流动儿童更容易遭受情感忽视。

问题二：受虐儿童所在家庭面临的风险程度对儿童虐待程度是否存在显著相关？

假设1：儿童所在家庭风险程度越高，儿童遭受情感虐待程度越严重；

假设2：儿童所在家庭风险程度越高，儿童遭受躯体虐待程度越严重；

假设3：儿童所在家庭风险程度越高，儿童遭受性虐待程度越严重；

假设4：儿童所在家庭风险程度越高，儿童遭受情感忽视程度越严重；

假设5：儿童所在家庭风险程度越高，儿童遭受躯体忽视程度越严重；

问题三：儿童受虐与儿童行为偏差是否存在显著相关？

假设1：遭受情感虐待的儿童出现行为偏差的概率更大；

假设2：遭受躯体虐待的儿童出现行为偏差的概率更大；

假设3：遭受性虐待的儿童出现行为偏差的概率更大；

假设4：遭受情感忽视的儿童出现行为偏差的概率更大；

假设5：遭受躯体忽视的儿童出现行为偏差的概率更大；

2.3.2　数据收集

（1）研究对象

儿童虐待主要集中在0～14岁，因此，本次研究对象主要为0～14中国儿童。在调查过程中，一方面由于儿童虐待本身具有隐蔽性，另一方面考虑到经费方面的因素问卷采取的是自填式，调查对象为小学五年级至初中二年级。

（2）样本选取

为全面调查儿童虐待情况，本调查选取了北京、广东（广州）、湖南和江西四个省（市）开展问卷调查。鉴于经费和人力方面的约束，样本选取并不是采取严格意义上的随机抽样，而是采取配额与整群抽样结合方法。抽样方法采取多阶段抽样方法，第一阶段：在北京市和广州市选取两个区；在江西和湖南省抽选一个县和一个区；第二阶段：在每个县（区）里选一个街道（乡镇）；第三阶段：在每个街道（乡镇）抽选2所小学和2所初中，计划共

32 所学校（实际调查过程中，在湖南调查期间，由于没有取得当地教育部门支持，且有些学校正准备考试，未能按计划开展调查，实际调查了 29 所）；第四阶段在所选的学校的小学五年级、六年级与初中一年级、二年级随机抽选一个班开展调查。考虑到儿童虐待涉及到隐私，所以区（县）、街道以及学校名称没有单列出来。学校选取过程中，每个区、县要求包括 1 所示范性中学、1 所示范性小学和 1 所普通中学、1 所普通小学。整个调查过程尽力保证选样的科学性，也得到了相关部门的大力支持，在北京、江西调查得到当地团委的大力支持，广州得到了当地教育部门的大力支持，共发放问卷 5000份，回收问卷 4824 份，经过严格筛选剔除无效问卷（包括儿童虐待测量量表每个指标测量中缺失值超过 3 项）后，共回收有效问卷 4317 份（表 2 - 1）。

表 2 - 1　样本分配情况

区　　域	年　　级	样本数量
北京	小学（五、六）	556
	初中（一、二）	587
广州	小学（五、六）	583
	初中（一、二）	554
江西 A 县	农村小学（五、六）	177
	农村初中（一、二）	149
江西 A 县县城	县城小学（五、六）	132
	县城初中（一、二）	180
江西 B 区	小学（五、六）	134
	初中（一、二）	105
江西 B 区	小学（五、六）	145
	初中（一、二）	172
湖南 B 县	农村小学（五、六）	178
	农村初中（一、二）	188
湖南 B 县县城	小学（五、六）＋初中（一、二）	169
湖南 A 区	小学（五、六）	162
	初中（一、二）	146
合计		4317

（3）调查伦理与质量控制

儿童虐待涉及隐私，为保护调查对象隐私和提高调查质量，调查组与学校、调查对象和监护人签订了隐私保护承诺协议和告知问卷书。在质量控制环节，主要从三个方面着手：一是调查员培训，通过对调查员在问卷引导以及样本选取方面做了比较系统的培训。二是调查过程控制，问卷虽然采取的是自填式，但是一方面要求学校提供相对封闭的调查环境，调查对象在填写问卷的时候，他们之间横向与纵向应至少保持 1 米的距离；另一方面问卷回收要求由调查员在各调查对象座位上回收，整个环节尽量避免其他人员查看。三是调查问卷回收环节，通过对缺失值比较多的问卷进行仔细甄选，确保回收问卷质量。

2.3.3　研究工具

本书对家庭风险、儿童虐待以及儿童行为测量采取的测量方法如下：

一是风险因子测量。儿童受虐风险因子提取资料来源有二：其一根据最高人民法院发布侵犯未成年人权益犯罪典型案例提取出儿童遭受虐的风险因子（见表 2-2）；其二根据文献综述整理。根据上述材料，儿童遭受虐待风险因子可以分为三类：一类是孩子的特征，如儿童有精神、身体等残障；二是照顾者问题，如照顾者有身心疾病、滥用药品、酗酒、嗜赌、服刑、父母出走、缺乏教育技巧等；三是家庭问题，如夫妻关系紧张、离异家庭、经济困难等。

表 2-2　最高人民法院公布未成人权益侵犯典型案件施虐与受虐人特征

	儿童特征	家庭特征	虐待类型	施虐地点	施虐人	施虐时间
案例1	女童，殁年5岁	父母离异后以夫妻名义同居生活	躯体虐待致死	租房	继母	16个月
案例2	女童，3岁	离异重组	躯体虐待致死	—	继母	7个月
案例3	男童，智力残疾，年龄不详	未婚同居	躯体虐待致严重的身体和精神上的伤害	—	生父母	—
案例4	男童，7岁	留守儿童、父母常年在外	躯体虐待致死	—	生母	—

（续表）

	儿童特征	家庭特征	虐待类型	施虐地点	施虐人	施虐时间
案例5	女童，13	父母同居、母亲去世，父亲多次再婚	性虐待	租房	生父	多次强奸
案例6	女童，14，精神残疾	母亲患精神疾病	性虐待	—	生父	强奸并致其怀孕
案例7	男童	父亲吸毒	躯体虐待致重伤二级	—	生父	
案例8	男童，9岁	单亲	躯体虐待、忽视	—	生母	经常和多次
案例9	9岁，女童	父母经常争吵、分居；随父亲居住，母亲（三级残疾）从未看望	躯体虐待、性虐待		生父	经常和多次
案例10	未满14周岁	父母离异，随母居	性虐待	宾馆	生母朋友	

注：案例1、案例2、案例3根据最高人民法院：《最高法院公布八起侵害未成年人合法权益典型案例》（《人民法院报》2015年9月1日）整理；案例4、案例5、案例6、案例7、案例8、案例9、案例10根据最高人民法院：《最高人民法院关于侵害未成年人权益被撤销监护人资格典型案例》（《最高人民法院网》2016年5月31日）整理。

二是儿童虐待测量。儿童虐待量表的研究较多，基本上可以分为两大类：一类是关于儿童虐待史测量的量表。如《儿童虐待的综合问卷》[1]、《儿童虐待与创伤量表》[2] 以及《儿童期虐待史问卷》[3]。儿童虐待史问卷主要通过成

① Riddle K P, Aponte J F. The Comprehensive Childhood Maltreatment Inventory: early development and reliability analyses [J]. Child Abuse & Neglect, 1999, 23 (11): 1103 – 1115.

② Sanders B, Beckerlausen E. The measurement of psychological maltreatment: Early data on the Child Abuse and Trauma Scale [J]. Child Abuse Negl, 1995, 19 (3): 315 – 323.

③ Bifulco A, Bernazzani O, Moran P M, et al. The childhood experience of care and abuse questionnaire (CECA. Q): validation in a community series [J]. British Journal of Clinical Psychology, 2005, 44 (Pt 4): 563.

人对其童年的回顾，以获得其童年遭受虐待经历的资料。另一类是关于筛选儿童虐待测量表。该类量表以《儿童期虐待量表》① 最为广泛应用，该量表1998 年发布以后，被广泛采用后。发布者又通过探索性因子分析，发布了精简版②。当前，在国际上对儿童虐待筛选广泛采用的是精简版。鉴于本次调查以 14 以下儿童少年为主，且调查目的是筛选遭受过儿童虐待的个体，因此，本书对儿童虐待测量采用《儿童期虐待量表》，该量表在国内也取得较好信度与效度检验结果③④。儿童期虐待量表分为情感虐待、躯体虐待、性虐待、情感忽视和躯体忽视 5 个因子（见表 2 - 3），每个因子表含 5 个条目，每个条目采用 5 级评分（从不、偶尔、有时、经常和总是分别计 0 分、1 分、2 分、3 分和 4 分），其中第 2 项、5 项、7 项、13 项、19 项、26 项和 28 项需反向计分。

表 2 - 3　儿童期虐待量表测量条目和分数

因子	测量条目	总分
情感虐待	3、8、14、18、25	0 ~ 16
躯体虐待	9、11、12、15、1	0 ~ 16
性虐待	20、21、23、24、2	0 ~ 16
情感忽视	5、7、13、19、28	0 ~ 16
躯体忽视	1、2、4、6、26	0 ~ 16
合计	0 ~ 90	

　　三是儿童行为特征测量。儿童行为特征测量目前比较流行的是使用美国心理学家 Goodman R 编制的长处与困难问卷（Strengths and Difficulties Questionnaire, SDQ）⑤。该量表被国内外广泛使用，而且在测量中也表现出较好的

　　① Bernstein D, Fink L, Bernstein D. Childhood Trauma Questionnaire: A retrospective self-report manual [J]. 1998.

　　② Bernstein D P, Stein J A, Newcomb M D, et al. Development and validation of a brief screening version of the Childhood Trauma Questionnaire ☆ [J]. Child Abuse & Neglect, 2003, 27 (2): 169 - 190.

　　③ 赵幸福，张亚林，李龙飞，等. 中文版儿童期虐待问卷的信度和效度 [J]. 中国组织工程研究，2005, 9 (20): 105 - 107.

　　④ 张敏. 中文版儿童期虐待问卷信度及效度评价 [J]. 中国公共卫生，2011, 27 (5): 669 - 670.

　　⑤ Goodman R. The Strengths and Difficulties Questionnaire: A Research Note [J]. Journal of Child Psychology & Psychiatry & Allied Disciplines, 1997, 38 (5): 581 - 586.

信度与效度。国内学者对该量表的信度与效度进行检验，认为量表基本符合心理测量的要求①。该量表分为教师版、学生版和父母版。鉴于本次调查涉及的地方较多，家长、学生和父母难以一一对应，对儿童情绪的测量选用学生版。学生版含情绪症状、品行问题、多动、同伴交流、亲社会五个因子，每个因子包括 5 个条目，每个条目采用 3 级评分（不符合，有点符合和完全符合，分别计 0 分、1 分和 2 分），共 25 个条目，25 个条目中的第 7 项、11 项、14 项、21 项和 25 项需反向计分（见表 2 - 4）。

表 2 - 4　儿童长处与困难量表分数计算准则

因子	测量条目	正常	边缘水平	异常
情绪症状	3、8、13、16、24	0 ~ 5	6	7 ~ 10
品行问题	5、7、12、18、22	0 ~ 3	4	5 ~ 10
多动	2、10、15、21、25	0 ~ 5	6	7 ~ 10
同伴交往问题	6、11、14、19、23	0 ~ 3	4 ~ 5	6 ~ 10
亲社会行为	1、4、9、17、20	10 ~ 6	5	4 ~ 0
影响因子		0	1	2 或以上
困难总分		0 ~ 15	16 ~ 19	20 ~ 40

2.3.4　资料分析

资料分析采用 SPSS IBM19.0 和 AMOS 两个统计软件分析。描述性统计分析以频数及有效百分比对调查数据进行分析。儿童虐待以及虐待程度与风险因子的关系运用 SPSS IBM19.0 软件的线性回归技术，分析风险因子对儿童虐待类型的显著性，以及风险程度对儿童虐待程度的关系分析。风险因子、儿童虐待和儿童行为的关系运用 AMOS 软件分析。

---

① 杜亚松，寇建华，王秀玲，等. 长处和困难问卷研究［J］. 心理科学，2006，29（6）：1419 - 1421.

第3章 我国儿童虐待预防与干预体系运行状况分析

3.1 我国儿童虐待预防与干预法律规定与措施

3.1.1 儿童虐待预防与干预相关法律规定

我国针对儿童虐待预防与干预方面的法律法规可以分为三类：一是由国家制定和颁布的法律。涉及儿童虐待预防与干预方面的的法律有《中华人民共和国未成年人保护法》《反家庭暴力法》《刑法》《民法典》等。二是最高人民法院等部门发布的意见与通知。如最高人民法院、最高人民检察院、公安部、民政部《关于开展监护失当未成年人监护权转移工作的意见》等。三是地方制定的一些法律法规，如广州市制定的《未成年人保护规定》等文件。《中华人民共和国未成年人保护法》中明确禁止对未成年人在不同场所的虐待行为。《反家庭暴力法》从预防、干预以及人身保护令方面对反家庭暴力程序进行规定。该法虽然没有单独涉及儿童虐待，但是属于家暴范畴的儿童家暴同样适用此法。《刑法》对虐待罪及相应的刑罚进行了规定。《民法典》则对监护权取消做了规定。《关于开展监护失当未成年人监护权转移工作的意见》对监护权、报告制度、保护机构等方面进行相应的规定（见表3-1）。

表3-1 儿童虐待预防与干预的主要法律法规

法律法规	相关规定
（1）《中华人民共和国未成年人保护法》（新修订）	第十一条 任何组织或者个人发现不利于未成年人身心健康或者侵犯未成年人合法权益的情形，都有权劝阻、制止或者向公安、民政、教育等有关部门提出检举、控告。 国家机关、居民委员会、村民委员会、密切接触未成年人的单位及其工作人员，在工作中发现未成年人身心健康受到侵害、疑似受到侵害或者面临其他危险情形的，应当立即向公安、民政、教育等有关部门报告。

（续表）

法律法规	相关规定
（1）《中华人民共和国未成年人保护法》（新修订）	有关部门接到涉及未成年人的检举、控告或者报告，应当依法及时受理、处置，并以适当方式将处理结果告知相关单位和人员。 第十七条　未成年人的父母或者其他监护人不得实施下列行为：虐待、遗弃、非法送养未成年人或者对未成年人实施家庭暴力（第一款）； 第二十条　未成年人的父母或者其他监护人发现未成年人身心健康受到侵害、疑似受到侵害或者其他合法权益受到侵犯的，应当及时了解情况并采取保护措施；情况严重的，应当立即向公安、民政、教育等部门报告； 第二十一条　未成年人的父母或者其他监护人不得使未满八周岁或者由于身体、心理原因需要特别照顾的未成年人处于无人看护状态，或者将其交由无民事行为能力、限制民事行为能力、患有严重传染性疾病或者其他不适宜的人员临时照护。未成年人的父母或者其他监护人不得使未满十六周岁的未成年人脱离监护单独生活。 第四十条　学校、幼儿园应当建立预防性侵害、性骚扰未成年人工作制度。对性侵害、性骚扰未成年人等违法犯罪行为，学校、幼儿园不得隐瞒，应当及时向公安机关、教育行政部门报告，并配合相关部门依法处理。学校、幼儿园应当对未成年人开展适合其年龄的性教育，提高未成年人防范性侵害、性骚扰的自我保护意识和能力。对遭受性侵害、性骚扰的未成年人，学校、幼儿园应当及时采取相关的保护措施。 第四十三条　居民委员会、村民委员会应当设置专人专岗负责未成年人保护工作，协助政府有关部门宣传未成年人保护方面的法律法规，指导、帮助和监督未成年人的父母或者其他监护人依法履行监护职责，建立留守未成年人、困境未成年人的信息档案并给予关爱帮扶。居民委员会、村民委员会应当协助政府有关部门监督未成年人委托照护情况，发现被委托人缺乏照护能力、怠于履行照护职责等情况，应当及时向政府有关部门报告，并告知未成年人的父母或者其他监护人，帮助、督促被委托人履行照护职责。 第九十八条　国家建立性侵害、虐待、拐卖、暴力伤害等违法犯罪人员信息查询系统，向密切接触未成年人的单位提供免费查询服务。 第一百一十一条　公安机关、人民检察院、人民法院应当与其他有关政府部门、人民团体、社会组织互相配合，对遭受性侵害或者暴力伤害的未成年被害人及其家庭实施必要的心理干预、经济救助、法律援助、转学安置等保护措施。 第一百一十二条　公安机关、人民检察院、人民法院办理未成年人遭受性侵害或者暴力伤害案件，在询问未成年被害人、证人时，应当采取同步录音录像等措施，尽量一次完成；未成年被害人、证人是女性的，应当由女性工作人员进行。

（续表）

法律法规	相关规定
（2）《反家庭暴力法》	第一章　总则（全部） 第二章　家庭暴力的预防（全部） 第三章　家庭暴力的处置（全部） 第四章　人身安全保护令（全部） 第五章　法律责任（全部） 第六章　附则（全部）
（3）《刑法》	第二百六十条　虐待罪是指对共同生活的家庭成员，经常以打骂、捆绑、冻饿、限制自由、凌辱人格、不给治病或者强迫作过度劳动等方法，从肉体上和精神上进行摧残迫害，情节恶劣的行为。犯本罪的，处二年以下有期徒刑、拘役或者管制。犯本罪，致使被害人重伤、死亡的，处二年以上七年以下有期徒刑；致使被害人重伤、死亡。是指由于被害人长期受虐待逐渐造成身体的严重损伤或导致死亡，或者由于被害人不堪忍受长期虐待而自杀造成死亡或重伤，行为人是故意的实施虐待行为，而过失地引起他人重伤、死亡的结果，其虐待行为和重伤、死亡后果之间具备刑法上的因果关系。根据本条规定，虐待致使被害人重伤、死亡的案件不属于"告诉才处理"的范围，因此，对这类案件，即使被害人或其近亲属不提出控告，检察机关也应提起公诉。
（4）《民法典》	第三十六条　监护人有下列情形之一的，人民法院根据有关个人或者组织的申请，撤销其监护人资格，安排必要的临时监护措施，并按照最有利于被监护人的原则依法指定监护人： （一）实施严重损害被监护人身心健康的行为； （二）怠于履行监护职责，或者无法履行监护职责且拒绝将监护职责部分或者全部委托给他人，导致被监护人处于困危状态； （三）实施严重侵害被监护人合法权益的其他行为。 第一百九十一条　未成年人遭受性侵害的损害赔偿请求权的诉讼时效期间，自受害人年满十八周岁之日起计算。
（5）《关于开展监护失当未成年人监护权转移工作的意见》	本意见所称"监护失当未成年人"是指遭受父母或其他监护人暴力、虐待、遗弃、性侵害的未成年人或被父母或其他监护人携带、利用、纵容乞讨的未成年人。 人民法院、人民检察院、公安机关和民政部门应当加强沟通交流和协作配合，建立监护失当未成年人行政保护和司法保护协作机制，实现行政干预与司法裁判的有效对接。

　　在制度建设方面，中国政府陆续出台了一系列加强儿童保护的政策文件。儿童保护制度从关注打击特殊违法犯罪事件向特殊场域的儿童保护体系建设拓展。2010 年以来，最高检察院、公安部、司法部、民政部、财政部、团中央等多部门协同发布的重要文件数量逐年增长，在依法办理案件同时，探索建立跨部门、跨领域的社会支持体系。政策保护对象从关注被拐卖儿童、孤儿弃婴社会救助，逐渐扩展到儿童司法保护以及留守儿童关怀服务领域，更多儿童被纳入政策保护框架（见表 3 - 2）。

表 3 - 2　我国多部委协同政策文件（2010—2021）

发文机关	文件名称	发布时间
最高人民法院、最高人民检察院、公安部、司法部	《最高人民法院、最高人民检察院、公安部、司法部关于依法惩治拐卖妇女儿童犯罪的意见》	2010
民政部、财政部	《民政部财政部关于发放孤儿基本生活费的通知》	2010
最高人民法院、最高人民检察院、公安部、司法部	《最高人民法院、最高人民检察院、公安部、司法部关于依法惩治性侵害未成年人犯罪的意见》	2013
民政部、国家宗教事务局	《民政部、国家宗教事务局关于规范宗教界收留孤儿、弃婴活动的通知》	2014
最高人民法院、最高人民检察院、公安部等	《关于依法处理监护人侵害未成年人权益行为若干问题的意见》	2014
最高人民法院、最高人民检察院、公安部、司法部	《关于依法办理家庭暴力犯罪案件的意见》	2015
民政部、教育部、财政部、共青团中央、全国妇联	《关于在农村留守儿童关爱保护中发挥社会工作专业人才作用的指导意见》	2017
最高人民检察院、共青团中央	《关于构建未成年人检察工作社会支持体系合作框架协议》	2018
民政部联合教育部、公安部等 10 部门	《关于进一步健全农村留守儿童和困境儿童关爱服务体系的实施意见》	2019

（续表）

发文机关	文件名称	发布时间
民政部、最高法、最高检等12部门	《关于进一步加强事实无人抚养儿童保障工作的意见》	2019
最高人民法院、最高人民检察院、公安部、司法部	《关于依法严惩利用未成年人实施黑恶势力犯罪的意见》	2020
最高人民检察院、国家监察委员会、教育部、公安部、民政部、司法部、国家卫生健康委员会、中国共产主义青年团中央委员会、中华全国妇女联合会	《关于建立侵害未成年人案件强制报告制度的意见（试行)》	2020
国务院未成年人保护工作领导小组	《国务院未成年人保护工作领导小组关于加强未成年人保护工作的意见》	2021

3.1.2　儿童虐待预防与干预相关措施

根据我国儿童虐待预防与干预的相关法律，我国对儿童保护的措施主要有四类：

第一类是震慑施虐者。我国在《刑法》中专门规定了虐待罪，在《未成人保护法》中明确禁止对未成人虐待。通过加强刑罚以震慑施虐者，使其不敢对儿童施虐。

第二类是保护被虐儿童。我国在《反家庭暴力法》《关于开展监护失当未成年人监护权转移工作的意见》等法律法规中对人身保护令进行相关规定："人民法院经审查或者听证认为存在侵害未成年人的危险，如果不采取人身安全保护措施将使未成年人的合法权益受到难以弥补的损害的，应当作出人身安全保护裁决。"

第三类是临时安置或庇护。我国在《反家庭暴力法》中规定遭受虐待的儿童，仍然面临危险状态时，应由公安机关协助民政部门提供临时庇护或安置。该法规定："无民事行为能力人、限制民事行为能力人因家庭暴力身体受到严重伤害、面临人身安全威胁或者处于无人照料等危险状态的，公安机关应当通知并协助民政部门将其安置到临时庇护场所、救助管理机构或者福利机构。"

第四类是解除监护权。我国相关法律规定，亲属、未成年人父母所在单位、居民（村民）委员会、民政部门、妇联、共青团等单位或人员有权代表监护失当的未成年人向法院提起撤销监护人资格的诉讼。涉及性侵、暴力伤害未成年人且造成重伤、遗弃或因侵害未成人权益被判处五年以上有期徒刑的被撤销监护资格的人不得申请恢复监护资格。

从现有的法律与措施可知，我国儿童虐待预防与干预主要以事后保护的司法介入为主。国家在儿童保护方面承担的是主要为虐待程度严重的儿童提供保护，而在家庭支持方面明显不足。

3.2　我国儿童虐待预防与干预的组织机构与程序

3.2.1　组织体系

（一）中央层面

以国务院妇女儿童工作委员会、民政部、全国妇联等为代表的议事协调机构、政府部门以及群团组织，共同代表政府履行儿童虐待预防与干预的行政管理组织体系（见图 3 - 1）。

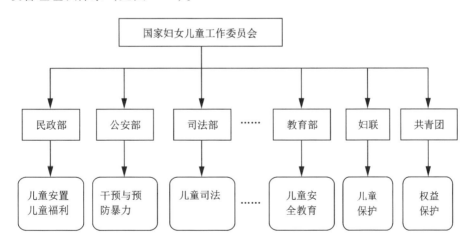

图 3 - 1　中国儿童虐待预防与干预的组织机构

"国务院妇儿工委"是中国政府层面负责妇女儿童工作最高层级的协调议事机构。其中，民政部、妇联、教育部、司法部、公安部、共青团中央是主要承担儿童虐待预防与干预职能的部门。"国务院妇儿工委"定期展开联席会议，协调各会员单位的工作，其主要职能包括：负责协调和推动政府有关部门做好维护妇女儿童权益工作；协调和推动政府有关部门制定和实施妇女和儿童发展纲要；协调和推动政府有关部门为开展妇女儿童工作和发展妇女儿童事业提供必要的人力、财力、物力；指导、督促和检查各省、自治区、直辖市人民政府妇女儿童工作委员会的工作。

民政部、卫健委、教育部等是设有主管或直接开展儿童虐待预防与干预工作的部门。民政部内设中国儿童福利和收养中心、社会福利中心等机构，共同承担遭受虐待儿童的养育、安置、康复、生活保障等保护以及福利保障工作。教育部内设基础教育司与职业教育相关司局，负责儿童校园安全等方面的教育。公安部负责儿童暴力预防与介入工作。司法部负责对涉及儿童暴力的案件进行处理以及司法解释。卫健委负责受虐儿童的诊治以及记录。妇联和共青团等带有行政色彩的群众团体也积极协助政府开展儿童保护工作。全国妇联除设有儿童工作部，负责参与有关保护儿童的法律、法规草案的拟定外，还负责开展女童性保护工作，加强女童防性侵教育。团中央下设少年部、社区和维护青少年权益部，代管中国青少年社会服务中心，开展少年儿童的思想道德教育及科学文化等多种教育活动，承担未成年人保护和预防未成年人犯罪等工作。

为贯彻落实《中华人民共和国未成年人保护法》等法律法规要求，进一步加强对未成年人保护工作的统筹、协调、督促和指导，更好地保护未成年人身心健康、保障未成年合法权益，2021 年，国务院决定成立国务院未成年人保护工作领导小组（以下简称领导小组），作为国务院议事协调机构。领导小组办公室设在民政部，承担领导小组日常工作。领导小组实行工作会议制度，工作会议由组长或其委托的副组长召集，根据工作需要定期或不定期召开，参加人员为领导小组成员，必要时可邀请其他有关单位人员参加。领导小组的主要职责为：深入学习贯彻习近平总书记关于未成年人保护工作的重要指示批示精神，全面贯彻落实党中央、国务院有关决策部署；统筹协调全国未成年人保护工作，研究审议未成年人保护重大事项；协调推进有关单位制定和实施未成年人保护规划、政策、措施、标准；督促检查《未成年人保护法》等相关法律法规和制度落实情况、各地区和各有关单位任务完成情况，督办侵害未成年人合法权益重大案件处置工作；指导各地区、各有关单位按照法定职责做好未成年人保护工作，对履职不力、造成不良影响的单位或地区强化督办问责；总结、推广未成年人保护工作经验，组织开展统计调查、宣传教育和表彰奖励工作；完成党中央、国务院交办的其他事项。

（二）地方层面

由于中国自上而下政府行政管理组织体系基本一致，因此，从中央到地方，各省（自治区、直辖市），市（州），县（区）等三级政府绝大多数都建立了与中央层面基本相同的儿童虐待预防与干预组织体系，按照中央政府的统一要求，结合本地实际情况，组织开展儿童保护工作。在实践探索方面，自上而下的改革创新试点和自下而上的实践探索相互结合，为推动中国儿童保护制度建设提供了有力支持。2013 年，民政部在北京、石家庄、大连等 20 个地区开展未成年人保护试点工作，探索建立未成年人社区保护网络、保护受伤害的未成年人，探索建立健全未成年人保护制度。同时，民政部在江苏省昆山市、浙江省海宁市、河南省洛宁县、广东省深圳市等 4 个县市开展适度普惠型儿童福利制度建设试点工作，把困境儿童确定为重点保障对象，进一步提高儿童保护水平。为探索建立新型未成年人社会保护制度，2014 年 7 月，民政部再次下发《通知》在全国 78 个地区开展第二批全国未成年人社会保护试点工作。与此同时，甘肃等地积极通过低保、"十二五"防艾行动计划等保障艾滋病儿童的基本生活；重庆、四川凉山、云南德宏设立了针对所有困境儿童的津贴制度；深圳、江苏、浙江等地为试点推行的适度普惠型儿童福利制度实施方案设立了八项津贴制度，对困境儿童进行分类分层救助等。2017 年上海市人民政府发布了《关于加强本市困境儿童保障工作的实施意见》，这是困境儿童保护日益走上制度化之路。

3.2.2　实务程序

我国儿童虐待预防与干预以我国现有法律为基础，分为以下步骤：第一步报告。由父母、亲属、学校、父母单位、村/居委会、妇联等单位和个人向公安机关报案。第二步公安机关处理。公安机构接案之后应当及时出警，制止虐待，并按照有关规定调查取证，并协助受害人就医和鉴定伤情。公安机关根据案情轻重处理，情节轻微的予以教育。情节严重的，公安机关一方面协助民政等部门采取临时安置，申请人身保护令；另一方面启动犯罪事实调查。第三步虐待评估。政府部门或者委托第三方对儿童、家庭等状况进行评估，对于危险解除的儿童让其回归家庭。对于仍处于危险状态的儿童，公安机关协助其他部门启动司法程序。第四步司法介入。根据受虐情节严重程度，公安机关决定是否启动刑事程序。情节严重进入刑事程序，法院依据出警记录、告诫书、伤情鉴定等证据作出相应的判决。司法机关根据儿童伤害程度、公安部门取证以及监护人状况，作出是否取消监护人资格的决定。对于触犯了国家法律的施虐者，根据法律法规予以制裁（见图 3 - 2）。

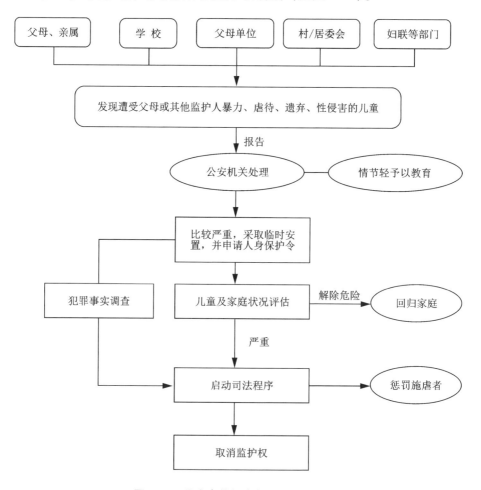

图 3 - 2　儿童虐待报告与处理程序简图

从儿童虐待预防与干预的处理程序可知，我国儿童保护制度呈现以下三个特征：一是实行强制性报告制度。建立强制性报告制度在学术界一直有很高的呼声①②③。2020 年 5 月，最高检等 9 部门联合下发了《关于建立侵害未成年人案件强制报告制度的意见（试行）》，明确规定——有关单位和个人在工作中发现未成年人遭受或疑似遭受性侵、虐待、欺凌、拐卖等 9 类不法侵害，以及面临这些不法侵害危险的，应当立即向公安机关报案或举报。我国法律法规规定相关主体有责任和义务举报儿童虐待，但是现有法律法规对于误报者缺乏相应的免责规定。二是以司法介入为主。我国儿童虐待预防与干预，虽然在有些地方尝试引入心理辅导等服务，但是总体上还是以司法介入为主。儿童虐待处理措施上更多强调的是取证和安置，而缺少对家庭维系和家庭重整的支持性服务，尤其是没有建立起面向家庭的社区保护网络④。三是以救助为主。遭受严重虐待的儿童，在临时或永久安置上，主要由民政部门的救助机构提供庇护场所。民政部门的救助机构主要面向流浪人员，在保障水平、隐私保护、服务方式上都仅仅是提供临时性的救助。现有的保护简单地将遭受虐待的儿童安置在救助机构，是对刚遭受虐待的儿童的"二次伤害"。

3.3　我国儿童虐待预防与干预的逻辑与失灵

3.3.1　"以家庭中心主义为基础"的介入逻辑导致瞄准效率偏低

从育儿一词的语义来看，就包括生育的生理角色。然而，这种女性生殖的生物功能，却和女性的养育职责交错成纠缠不清的母职固定模式，因此女性逃脱不了接踵而来的"哺育、教育与保育"责任。这种母职意识形态将母职简化成唯一的工作，完全否定女性自主选择的意愿，进而将母职转化成一种"异化的劳力"（alienated and alienating labor）。因而，家庭是女性化的表征，工作是男性化的领域。而这种性别分工演变成家庭中心主义逻辑，即认

---

① 李环. 建立儿童虐待的预防和干预机制——从法律和社会福利的角度 [J]. 青年研究，2007（4）：1-7.

② 刘向宁. 当务之急和制度构建：从南京虐童案看儿童虐待强制报告 [J]. 中国青年研究，2015（9）：42-46.

③ 陈云凡. 儿童防虐体系比较：社会政策视角 [J]. 中国青年研究，2011（9）：43-45.

④ 蒋月娥. 预防和惩戒并行切实保护女童权益——关于性侵女童问题的讨论：健全面向家庭的社区儿童保护网络 [J]. 妇女研究论丛，2013（4）：61-63.

为所有的家庭有能力提供家中所具有的照顾，而女性基于认命式利他主义（forced altruism）或"为爱牺牲"而承担家庭抚养和教育子女的责任。国家只在家庭资源耗尽时，才扮演辅助性角色。由于相关法令措施的匮乏，辅助性的功能几乎是微不足道。我国在《中华人民共和国宪法》中规定"父母有抚养教育未成年子女的义务"，而"国家和社会帮助安排盲、聋、哑和其他有残疾的公民的劳动、生活和教育"。根据宪法规定，子女抚育责任主要在家庭，只有儿童为残疾人的时候，政府才承担抚育责任。因此，我国儿童虐待预防与干预理念是基于一种家庭中心主义逻辑。这种责任分工假设的前提是家庭为功能齐全的单位，但在政治、经济、文化和社会急剧变化背景下，家庭功能缺失现象频发。导致的后果是如果家庭角色不调，儿童被虐风险就较高。从调查案例可知：

（一）家庭角色缺位导致儿童易于被虐

母亲角色缺位的主要原因是由于父母离异导致母亲不能履行保护责任。单亲家庭是儿童被虐的高风险家庭。在调查遭受性虐待的单亲家庭中，父母离异后跟随父亲或者母亲去世的女童更容易遭受性虐待。单亲家庭的女童从小缺乏母爱，而父亲身为异性，难以启齿教授生理知识，而且对于女童一些异常现象也缺乏关注。

受害者小琳（化名）未满十四周岁，父母离异后，12岁的小琳跟随父亲从四川来到海沧。据小琳（化名）说，她被父亲的一名老乡强奸五次。几乎每次强奸后，"怪叔叔"郭某祥都给她5～15元不等的零花钱，小琳则将这些钱基本都花掉了。

（二）家庭角色无能导致儿童易于被虐

角色的无能是由于角色的能力欠缺所致。在调查性虐案例中发现，一方面由于母亲教育知识匮乏对于被虐女童所表现的异常现象缺乏警惕，导致女童遭受性侵时间较长。

一位受害女生的姨妈说，去年以来，孩子一直喊肚子疼，腿痛，大人也没有在意。后来发现孩子饭量小多了，精神恍惚，最后孩子才说了实情。

另一方面由于父母法律知识匮乏，担心会损害家庭及女童颜面，子女遭受性虐待后，有些家庭选择私了方式解决。

> 受害人苗苗就读五年级。苗苗的母亲了解孩子的学习情况时，突然发觉苗苗对上音乐课非常抗拒，询问后才得知情况。苗苗的家长将情况反映到学校后，陆续又曝出另外 5 名女生有同样遭遇。但考虑到孩子的将来、学校的声誉，校领导和家长们一致认为不要报警，准备内部处理此事。多名受害学生家长表示，至春节前，孩子仍照常上学，他们则多次被校方叫去商讨。最终，校方写下了"李某猥亵女生，情况属实"之类的证明，让家长们签字按手印后，给了每户 9 万元赔偿款，其中一户受害家庭没有收钱。有村民对校方的处理方法看不过眼，拨打了 110 报警。当日，疑犯李某被带走。据受害人家长称，案发后，他们从学校听说李某在调至该小学之前，曾在某中学猥亵过一名学生。当时，事情败露后，那所中学并未报警，对李某也未予解聘，而是将其调离。

（三）家庭角色拒绝导致女童易于被虐

角色拒绝指在儿童养育过程中，家庭成员有意识或无意识拒绝扮演其应该的角色，这可能导致儿童继续遭受性虐待。在调查性虐待案例中发现，重组家庭中女童易于遭受继父的性虐待，而作为母亲为了维护重组家庭，选择沉默或忍让。

> 被害人丹丹，2001 年她父亲因病去世，一个叫刘伟的男人住进了她家成了丹丹的继父。当时丹丹 9 岁，就在 2001 年秋天的一个晚上，继父刘伟用殴打的方式强暴了她。后来他们又搬到了另外一个地方，租的房子里只有一个土炕，丹丹和刘伟睡在母亲两侧。丹丹说，刘伟晚上会翻到她这边侵犯她，但母亲从没醒过！丹丹后来几次对母亲说起继父刘伟性侵犯她的事情，妈妈都没理她。在丹丹 13 岁的时候，丹丹的妈妈还撞见过继父刘伟性侵犯丹丹的场面，但是，随后，丹丹的妈妈还是像没有

事情发生一样的跟刘伟继续过日子。其间，她几次向母亲求助给她点钱逃走，但母亲每次就是哭，什么都不做。直到丹丹 15 岁的时候，被表姐发现这个秘密，丹丹得到了解脱，她的继父刘伟才受到了法律的制裁。

（四）家庭角色内冲突而导致儿童易于被虐

角色内冲突指儿童的照顾者在儿童的保护色与他们的其他社会角色发生的冲突。儿童保护责任被隐性转嫁至家庭，但家庭女性在儿童保护与就业之间发生冲突时，儿童处于遭受性虐高风险中。在调查性虐待案例中发现，留守家庭和流动家庭都是女童易遭受性虐待的家庭。

> 据被害人小枫介绍，2006 年，母亲将 10 岁的她从老家接到合肥上学。来到合肥后，小枫与母亲和继父洪某住在一起。没过多久，母亲就外出打工，基本上一个月才回来一次，而她留在继父家生活，这一过就是 4 年。小枫说，头两年里，洪某对待她算是比较疼爱，直到 2008 年的一天，酒后的洪某兽性大发，不顾她的哀求、反抗，强行对其猥亵。在这之后的两年时间里，洪某经常趁其妻不在家，多次深夜对她性侵犯。为了隐瞒自己的兽行，洪某还威胁她不准乱说，不然别人会笑话，并说尤其是不能告诉妈妈，"如果跟妈妈讲，你就没法上学了"。

在家庭中心主义介入逻辑下，政府介入儿童保护的条件是"指遭受父母或其他监护人暴力、虐待、遗弃、性侵害的儿童"，也就是说只有在家庭严重失灵的情况下，政府才能介入。由于对于儿童虐待缺乏清晰的界定，政府介入一般需要有两个条件：一是被举报。虐待如果没有被举报，即使比较严重，相关部门也不知情。二是程度上达到严重。严重程度基本可以概括为因虐待致残、致死或致孕三种情况。致残和致死因儿童遭受严重躯体虐待所致。致孕则是女童因遭受性侵所致。

遭受虐待的儿童根据虐待程度和实务报告可以分为以下几部分：一部分因严重程度未达到"致死、致残和致孕"或相当水平，这部分群体由于儿童虐待标准不清晰导致相关主体未报告，即图 3 - 3 中的"未报告"A 部分。另一部分是达到"致死、致残或致孕"程度（图 3 - 3 中的 B）。又可以分为两部分：有些是相关主体因种种原因未举报的，如有些性侵致孕的，父母或者监护人采取"私了"方式处理；余下的即因致死、致残或致孕后被报告的（图中 C）。根据现有程序，政府实际介入的只是致死、致残或致孕中的被报告，剩下的都是被遗漏的。儿童虐待预防与干预保护效率（θ）的公式设为：

$$\theta = \frac{C}{A+B} \qquad\qquad 公式\ 3-1$$

根据公式 3-1 可知，基于家庭中心主义的介入逻辑，采取以司法保护为主的保护程序的瞄准效率非常低。而童年期父母的不良教养方式、儿童虐待对青少年期的反社会人格障碍的形成有密切关联。[①]

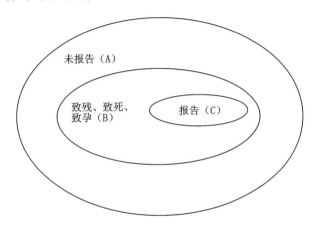

图 3-3　儿童虐待保护对象简图

3.3.2　"以事后保护为主"的惩戒逻辑导致预防功能有限

在《中华人民共和国宪法》中规定"禁止虐待儿童"。中国现有保护机制主要分为两个部分：惩戒和法律援助。惩戒责任主要包括撤销监护人的资格和依法追究刑事责任。我国制定的《中华人民共和国未成年人保护法》《中华人民共和国婚姻法》和《中华人民共和国妇女儿童权益保障法》中加强了对儿童免受暴力的保护，禁止对未成年人实施家庭暴力、拐卖、绑架、虐待、性侵害的规定。《中华人民共和国未成年人保护法》中规定"父母或者其他监护人，经教育不改的，人民法院可以根据有关人员或者有关单位的

---

① 陈哲，付丽，彭咏梅，等 . 父母教养方式、儿童期虐待、依恋与反社会人格障碍倾向的关系 [J]. 中国临床心理学杂志，2011，19（2）：212-214.

申请，撤销其监护人的资格"。在《中华人民共和国刑法》中，规定性侵未成年少女施暴者的法律责任。在《关于依法惩治性侵害未成年人犯罪的意见》中对于法律认定情况以及法律量刑进行细化。法律援助是对儿童虐案提供司法支持的一种手段。2003 年 7 月国务院通过的《法律援助条例》规定，法律援助是政府的责任。地方省市制定了相应法规。河南、内蒙古、北京等 12 个省区市将有关儿童的"家庭暴力、虐待、遗弃"纠纷纳入法律援助范围；黑龙江、贵州、福建等地将未成年人侵权赔偿等事项纳入法律援助范围；河北将"主张适龄儿童接受义务教育"和"未成年人继承"纳入法律援助范围；等等。现行儿童虐待预防与干预运行机制中包括惩戒和法律援助，主要目的是通过事后惩戒来警示民众和制裁施虐人，实施机构为司法部门，处理程序是一种被动行为，基本上将儿童虐待等同于成年人刑事事件。因此，中国儿童防虐运行机制是基于惩戒逻辑。虐童罪没有单列，导致儿童保护过程难以将惩罚犯罪人与实现儿童利益最大化结合。①

（一）事后惩戒的预防效果有限

事后惩戒受制于以下几个方面因素：一是儿童虐待具有隐蔽性。儿童虐待本身由于其定义的模糊性而导致缺失实务判断标准，这就容易使一些虐童行为逃避惩罚，进而在某种程度上又会怂恿施虐者。除了定义模糊之外，在实务中体罚与虐待界限也不清楚，因此，对儿童的虐待行为有时候容易被体罚教育的幌子遮住。二是惩罚警示容易导致家庭抵触。在以司法介入为主的保护程序中，公安部门以及社区社工的工作角色通常被定义为证据收集者。这一方面是家庭因担心被污名化，即使遭受虐待也私自隐瞒。另一方面是由于社工等工作人员以证据收集为主，社工介入容易触发家庭成员的抵触情绪，使得虐待保护工作演变成证据收集与反证据收集的较量，而不是集中在对家庭维系、重整，以及对遭受虐待儿童的全方面保护工作中。这就导致现有体系的防虐效果不足。

调查性虐待案例显示，中国现行女童性虐防护机制基本上没有预防功能：

---

① 邓多文. 基于权利保护视角的虐待儿童犯罪主体规制 [J]. 江西社会科学，2014（7）：155 - 159.

一是父母性教育缺乏。现在制度基本上没有安排专门针对父母的关于女童性虐预防的一些基本知识普及。女童遭受性虐待之后，都从心理、行为、语言、身体动作方面表现出异常现象，如喊肚子疼、屁股疼、忽然不愿意上学或者不愿意上某位老师的课、花钱比平常明显增多等。但目睹孩子异常行为的家长大部分很少意识到自己子女遭受性虐。在调查案例中，现场举报只占到 9.3%，父母或者其他监护人发现子女异常后进行举报占到 28.8%，而 62.7% 属于无意揭发，是在被性虐待女童怀孕之后或被其他人举报后才发现的。

二是女童性教育缺乏。中国现行教育制度偏重文化成绩，而缺少对女童社会知识的教育，这导致女童自身保护能力不足。在家庭性虐中，有 11.8%（4/34）左右女童一直相信是父亲或者继父和自己做游戏的谎言，直到在电视里看到属于性虐待后才知道自己遭受性侵。

被害人小江在杂志上看到一篇强奸事件报道，发现那个女孩被"强奸"的过程竟然与自己被自己父亲侵犯的过程一样，此时才知道之前父亲对她的行为是强奸。她表示，父亲侵犯自己的时候，她奋力地推自己的父亲，但因力气不够未果。小江虽每次都会觉得疼痛，但因相信父亲所讲的，这属于正常的行为，所以一直都与他保持这种关系，且从来不敢喊叫，也不敢告诉其他人。

三是针对高风险家庭和高风险年龄阶段预防保护机制缺乏。中国现有机制缺乏风险识别机制，缺乏针对处于性虐高风险女童的保护机制，这导致在这些处境中的女童易于遭受性侵。调查显示，从家庭特征来看重组、单亲、流动、留守和贫困家庭是少女遭受性虐待的高风险家庭；从被性虐女童年龄特征来看，8~14 岁是遭受性虐待高风险年龄段。

（二）事后惩戒保护效果不足

根据《反家庭暴力法》等法律规定，学校、亲属、社区工作人员以及父母等机构和人员在发现儿童遭受或疑似虐待之后，应该主动向公安机构报案。（见图 3-4）。

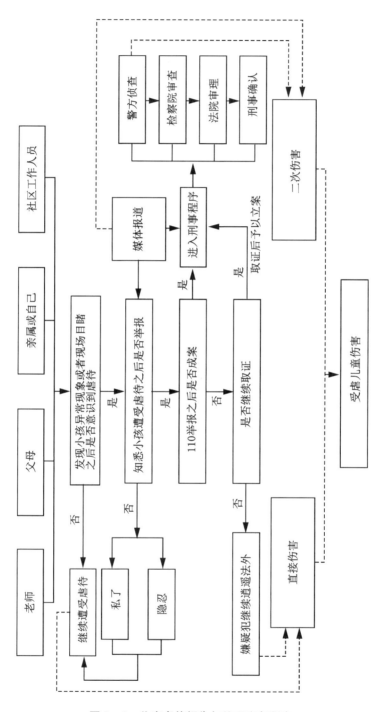

图 3-4　儿童虐待报告与处理实务程序

　　儿童虐待是否举报取决于两个因素：一是举报责任人是否意识到儿童遭到虐待，二是举报责任人知悉之后是否愿意举报。儿童虐待举报之后，首先公安机关根据证据决定是否立案，如果立案就进入刑事程序；如果认为证据不足，就取决于监护人是否继续取证。如果取证后公安机关证明属实则进入刑事程序。进入刑事程序之后，则需要经历警方侦查、检察院审查、法院审理和刑事确认四个相对独立步骤。2020 年，最高人民检察院提出试行未成年人性侵案件"一站式取证"，各地进行探索。各地虽然进行了一些制度探索，但由于缺乏取证的规范，实际操作过程中遭虐待儿童在整个过程中仍然会遭受直接伤害和"二次伤害"。直接伤害主要来自由于施虐人缺乏制裁而继续施虐导致的伤害，"二次伤害"主要来自缺乏保密的媒体报道以及反复询问的司法程序。因此，儿童虐待给儿童带来的伤害不仅包括施虐主体给儿童带来的伤害，而且还包括由于隐私保护不当给儿童带来的"二次伤害"。隐私权保护主要分为两种：直接保护方式和间接保护方式。直接保护方式对侵害隐私权的行为，直接确认为侵害隐私权责任。这种方式的优点是立法直接确认隐私权为独立人格权，故在寻求司法救济时能直接找到法律依据，最利于对隐私权的保护。间接保护方式不承认隐私权为独立的人格权，但涉及隐私权的案件，可以纳入其他侵权行为的范畴寻求法律保护。我国采取这种间接保护方法。间接保护方式不仅在诉讼上不方便，不利于受害人寻求司法保护；而且在实体上，如果隐私的损害没有可比照的法律规定，则无法进行救助。如泄露他人隐私，既未造成名誉权损害，又未造成其他权利损害的，法律无法对其进行救济。儿童遭受虐待之后，在身体、心理、学习等各方面都蒙上阴影，但现行采取间接保护隐私权的方式导致被举报之后她们遭受进一步损害。① 从调查虐待案例可知：

　　一是强制性报告缺位和失位。强制性报告要求只要发现性虐，相关人员有义务到相应机构进行举报。在我国未建立强制性报告之前，有些监护人选择不举报，导致的后果是纵容施虐人进一步对少女施虐。强制性报告制度缺

　　① 陈云凡. 我国女童性虐待预防与干预的逻辑与机制优化研究［J］. 青年探索，2015（6）：95 - 101.

位导致以下几种情况发生：家长选择"私了"。"私了"发生最多的是在学校和公职人员性虐事件之中。在调查学校性虐案例中，有30.8%（8/26）左右的领导或者工作人员在得知自己下属有性虐现象之后主动提出与家庭"私了"，在领导或者工作人员威逼利诱之中有62.5%（5/8）当事人接受"私了"。由于"私了"施虐人躲避应有的惩罚，施虐人预期惩罚成本较小，进一步使更多女童遭受性虐。因此，在调查的性虐案件中，校园性虐待涉及施虐人数是最多的，最多的达到24人，平均人数为7.5人左右。

在一起案件中，班上18个女生均受到老师不同程度骚扰，可最终愿意站出来说话的，只有三户家长。而最终他们的呼声也被掩盖。碍于杨老师在当地的势力也好，担心孩子前途受影响也罢，或许，让家长们闭嘴的还有一层因素，那就是在一份协议书上，白纸黑字写着担保人陶某的名字，每户一万元。

母亲选择忍让。母亲发现子女性侵之后选择忍让态度主要发生在重组家庭中。在性虐案件中，重组家庭中有36.4%（8/22）的母亲发现自己子女遭受继父性虐或者女儿向母亲汇报自己遭受性侵后选择忍让，这就导致家庭性虐待是施虐时间是最长的。调查显示，家庭性虐待潜伏期最长，亲生父亲性虐子女最长是7年，最短是4年，平均是5.3年，继父性虐最长是7年，最短是1年，平均是3.56年。

责任主体举报意识比较薄弱。在我国《反家庭暴力法》中规定"学校、幼儿园、医疗机构、居民委员会、村民委员会、社会工作服务机构、救助管理机构、福利机构及其工作人员在工作中发现无民事行为能力人、限制民事行为能力人遭受或者疑似遭受家庭暴力的，应当及时向公安机关报案。公安机关应当对报案人的信息予以保密"。由于缺乏对相关责任主体发现儿童虐待未及时举报需承担相应法律责任的规定，这些主体举报意识比较薄弱。在调查过程中，一位社区卫生院的医生多次发现儿童遭受家人殴打，但是由于保护意识比较薄弱，一直未举报。

　　八岁的小浩因为发热咳嗽八个小时就诊，和小浩一同前来的是他的奶奶，医生在做完相关检查之后，提示他有支气管肺炎，于是就收住院治疗。在住院治疗的时候通过对小男孩的一些体格检查，发现他全身都是皮带印子。后来半个月后，小孩因发烧，头晕呕吐不舒服，给他用药之后。医生来查房，又看到他全身是血印子，没有一个好地方，手肿了，眼睛也肿了。

当前我国实行了强制性报告制度，但在实际过程中仍然存在失位现象，如 2021 年发生在某中学的猥亵案件：

　　2020 年 8 月，段某被学生举报猥亵。该校相关责任人并没有履行强制报告制度，第一时间向公安部门报案，而是采取息事宁人态度，涉嫌猥亵学生的段某还在学校教学。2021 年 8 月段某被另一位学生到公安部门举报才被立案调查。

二是立案程序偏差。儿童虐待案件本身存在立案难和取证难的问题。当前我国关于儿童虐待立案条件依照成年案件立案条件进行，比较严格和苛刻。调查案例中，一位四岁小孩疑遭受严重躯体虐待，但是公安部门以证据不足为由，不予立案。

　　小童今年四岁，父母离异，由父亲抚养。父亲到国外务工，将小童放在生母处。生母后来也在外地务工，将小童交给再婚后的婆婆带。小童身体遭受了严重的躯体虐待，经当地三甲医院检查并出具了相关证明。再婚后的婆婆矢口否认是他们打的，说是摔的。由于没有其他人证，当地公安部门以证据不足不予立案。

从调查性虐案例中主要以女童处女膜是否破裂、是否怀孕以及 DNA 鉴定作为立案依据。公安机关严格的立案标准、取证方式对于未成年人遭受性侵害案件并不适合。

受害人小兰被同村人强奸导致怀孕。在怀孕 4 个月后父母才发现报案。但警方表示，没有确实证据无法对犯罪嫌疑人采取强制措施，需要等孩子出生后做 DNA 鉴定。

三是法律量刑偏差。强奸罪刑种分为可判处有期徒刑、无期徒刑、死刑，有期徒刑的量刑幅度又分为三至十年、十年以上，这一规定，就可以适应强奸罪的不同类型和情节。最高院回复《关于与幼女发生性关系是否要明知才构成犯罪的答复》中指出：（1）与不满 12 周岁的被害人发生性关系的，一律认定行为人"应当知道"对方是幼女。（2）与已满 12 周岁不满 14 周岁的被害人发生性关系案件中，对行为人辩解"不明知"被害人是幼女的例外情况应当从严把握。根据《性侵意见》第十九条第三款的规定，对实际年龄已满 12 周岁不满 14 周岁的被害人，如果从其身体发育状况、言谈举止、衣着特征、生活作息规律等观察，该被害人可能是幼女，而实施奸淫等性侵害行为的，也应当认定行为人"明知"对方是幼女。从法律规定来看，不满 12 周岁非常清晰。但是在界定已满 12 周岁和不满 14 周岁的被害人案件中的"明知"还是存在偏差。

某县 13 岁幼女芬芬（化名）被 29 岁男子李某带到某宾馆发生性关系。事后芬芬报警称被强奸，当地警方不予立案。5 月 18 日，该县公安局法制办文主任表示：两人属"约炮"，李某并未强迫芬芬，也不明她未满 14 周岁，故不属强奸。从当地公安部门反馈信息可知：一是客观上被害人身体发育状况、言谈举止、衣着等特征确实像已满 14 周岁；二是有证据或合理依据证明行为人根本不可能知道被害人为幼女（QQ 上面的年龄显示 16 周岁）；三是行为人已足够谨慎，但仍对幼女年龄产生了误认（经芬芬确认，李某确实问了她的年龄）。

四是隐私保护机制缺位。（1）性虐证据收集保护机制缺位。少女遭受性虐之后需要获取司法方面的证据，首先需要到医院进行鉴定，然后需要进行口供录制。由于现行性虐证据收集保护机制缺位，医院没有提供针对性虐少女的隐私保护机制，少女在医院鉴定过程中信息易于泄露。而司法过程中一个案件进入刑事诉讼分为三个阶段，即侦查阶段由公安机关负责；审查起诉阶段由检察院负责；审判阶段由法院负责。公、检、法机关在办理女童性虐待案件过程中，因为诉讼阶段的独立性和分离性，受害女童往往被不同的部门反复地询问情况，使受害女童不断回忆和说出自己被侵害的过程及细节，往往会再次造成更深的伤害。（2）性虐案件媒体保护机制缺位。中国虽然有相关法律要求对未成人进行保护，但是缺乏相应操作性规定，使很多无良媒体和人员将性虐少女变为吸引观众眼球的话题。在调查性虐案件中，可以发现由于性虐案件媒体保护机制缺位后果体现在以下几个方面：首先是被虐少女基本信息缺乏媒体保护。虽然媒体大部分对于性虐女童采取假名或者某某称谓，但是基本上都泄露性虐场所、施虐人基本信息（包括工作信息与被虐人关系等）、被施虐人家庭信息、被虐人家庭住址信息（基本上注明县市，有的甚至注明到了乡镇及村，或者是派出所），因此，根据这些信息被虐周围人员基本上可以对少女进行对号入座。其次是被虐少女施虐过程信息缺乏媒体保护。一些无良媒体工作人员为吸取眼球，通过各种方式获取或者捏造信息，编写少女遭受性虐全过程，包括如何被威逼利诱、如何施虐的过程在各大媒体上面报道，这种文字叙述，实际上是将被虐少女痛苦反复回放。最后是被虐少女采访缺乏媒体保护。发生性虐之后，很多媒体就争相入驻开始收集各种信息，被虐少女以及家人经常要被多位无良媒体人员纠缠，这加深对被性虐待少女"二次"伤害。

3.3.3　"碎片化"的管理逻辑导致防虐效果不佳

儿童虐待预防与干预机制需要有制度化的组织机构和监督机制。但当前中国儿童虐待预防与干预管理机制基本上是以一种碎片化方式开展。在组织机构上，虽然我国设立国家妇女儿童工作委员会，但是该机构主要负责协调和发布青少年报告。儿童虐待预防与干预责任分散在公安机关、检查机关、司法机关、卫健部门、民政部门、宣传部门、全国妇联和共青团等部门。儿童虐待预防与干预也成为一项碎片化事务，主要以项目形式开展。如 1998 年至今，全国青联同联合国亚太经社会合作在中国云南省实施了"大湄公河次区域关于消除针对儿童和青年的性虐待和性剥削"项目；2006 年中国和联合国儿基会合作开展了"儿童保护体系与网络建设"项目；2008 年，北京青少年法律援助与研究中心出台了《律师办理未成年人遭受性侵害案件指导手册》并在相关专业人员中开展培训；以及有一些社会组织或基金会开发的性教育课程项目。在监督机制方面，我国官方主要有两套报告体系，一是向联合国提交的《儿童权利公约》报告系列；① 二是《中国儿童发展纲要》实施状况报告系列。两个报告系列一方面主要以中国总体情况为主，另一方面对于儿童性虐待方面叙述较少。因此，这两个报告系列对地方政府都缺乏相应的约束力，也就难以向地方政府进行问责。儿童虐待预防与干预职能分散在各部门主要以项目形式开展，缺乏专门监督机制，因此我国儿童虐待预防与干预是碎片化的运行逻辑。

一是碎片化的管理逻辑导致儿童虐待选择性覆盖。由于当前儿童虐待预防与干预分散在各级政府以及各个部门，因此，这些主体很容易以部门职责为主进行选择性覆盖。由民政部门主导的困境儿童保护以及适度普惠试点，延续了民政部门经济救助为主的方式。如江苏省的南京、无锡、徐州等市发布的困境儿童保护方案，核心内容就是参照孤儿标准为监护人监护缺失的儿童，监护人无力履行监护职责的儿童，以及重残、重病、流浪儿童制订生活保障标准。江苏省民政部门负责人在阐释适度普惠儿童试点工作时，强调了救助范围拓宽。

《关于推进适度普惠儿童福利制度建设的实施意见》是 2014 年底出台的，2015 年又出台了一系列发放细则，针对孤儿和困境儿童的，什么样的人可以拿，拿多少，增长机制，都更加细致了。2015 年底又和未成年人保护协会一起成立了一个市级的领导小组，多部门合作来开展工作。

在民政部门主导下，一些社会组织开展的服务也是围绕困境儿童经济救助和心理支持为主，缺少专门从事儿童保护的社会组织。江苏某地一位民政社会组织管理领导对于其所辖的社会组织功能定位：

---

① 中国作为儿童权利公约签约国，需要定期向联合国提交执行报告，现在中国已经递交了四次报告。

　　"组织举办儿童和青少年的一些活动，包括手工课、礼仪方面的，还有一些学习教育，（帮助）青少年健康成长。我们还承担着整个陆扬片区的收集儿童基本信息，传递政府有关儿童福利的政策、法律法规，通过走访帮助儿童、家庭。"

　　妇女联合会开展的家暴预防教育也同样具有选择性。儿童虐待预防教育主要集中为由妇联等相关部门主导开展的防女童性侵的教育项目。女童的防性侵比较重要。但据有关调查研究显示：男童遭受性侵比例甚至高于女童，集中于女童性保护方面的教育显然就忽视了男童。有些部门以留守儿童为主题开展相应的性教育，但是在农村，除了留守儿童还有其他需要保护的儿童，如事实孤儿等。有些部门理所当然的认为农村儿童遭受性侵的比例高于城市，该部门开展的性教育项目就以农村儿童为主。但在实际中，城市儿童遭受比例也较高，城市儿童也同样需要相关的教育。选择性预防教育容易忽视其他虐待类型的教育。当前儿童虐待预防教育主要集中在性虐待方面。从现有研究和调查来看，性虐待虽然占有一定的比例，但是躯体虐待、躯体忽视、情感忽视和情感虐待占的比例也相当高。

　　二是碎片化的管理逻辑导致儿童虐待预防专业性不足。儿童虐待预防本身是一项很专业性的工作，需要用专业性的人员开发的专业性课程。碎片化的管理逻辑导致各省、市、县、街道、社区的有关部门，以及一些社会组织相继开发儿童虐待预防的册子。由于力量分散，各级部门以及社会组织的专业力量差异大，儿童虐待预防的手册在实务中产生效果甚微。有些宣传教育手册并没有产生实效，仅仅是作为报送有关部门的材料而已。

　　有些教材，由于缺乏专业力量，处理方式不科学，导致效果不佳。如我国某地区有关部门开发的"性教育教材"，被很多家长认为尺度太大，或者是太"黄"，难以接受。

　　儿童虐待预防也是一项综合性工作，需要精准的服务。反暴力宣传工作在有些地方开展得比较火爆，但是还是存在不精准的问题。

　　某地通过在社区、学校开展"反对和制止针对儿童的暴力"宣传活动，发放宣传海报、宣传单页、三折页等宣传品13.5万份，在公交车投放儿童保护宣传视频等形式进一步提升全社会儿童保护意识。

　　针对宣传的广度，当地一位资深反家暴律师也指出：当前反家暴宣传活动，很多的是针对保护对象开展的。实际上，效果更好的应该是向儿童成长过程中的相关主体进行宣传。

　　根据一些研究成果表明，针对性虐待的采取向儿童开展性教育的措施所产生的防虐效果是比较有限的。

　　三是碎片化管理逻辑导致儿童预防中强制性替代现象较多。由于缺乏全国性统一机构进行预防方案开发和人员培训。在实际过程中，有些地方为完成或者实施儿童防虐方面的任务，面对专业力量不足，采取替代方式，由非专业人员替代专业人员，由简单粗俗培训手册替换高质量的手册，由社区日常工作人员替代专业性工作人员。替代方式不仅导致儿童虐待预防的效果打了折扣，甚至有些还产生负面效果。因此，中国儿童虐待干预政策相关组织的低组织化程度延缓和阻碍了政策的出台和执行。[①]

3.3.4　司法介入的保护措施实施难

　　为给儿童提供保护，我国《反家庭暴力法》《未成年人权益保护法》等法律作出了一些发布人身保护令以及取消监护权等方面的规定，然而实施过程中也面临诸多困难。

　　一是人身保护令震慑效果有限。《反家庭暴力法》规定"当事人因遭受家庭暴力或者面临家庭暴力的现实危险，向人民法院申请人身安全保护令的，人民法院应当受理"。人身保护令面临困境，首先是针对儿童保护发布的人身保护令少。某市司法工作人员介绍：

　　在2017年，共发放人身保护令32次，其中只有1例是针对儿童保

---

　　① 高翔. 政策相关组织的组织化程度对社会政策制定的影响——以比较中美干预儿童虐待政策为基础的分析［J］. 东岳论丛，2015，36（3）：10－15.

护的。

面对存在的儿童虐待事件，仅有 1 例人身保护令是远远不够震慑的。即使发放了人身保护令，还存在家庭抵触和配套法律不完善的问题。据当地司法人员介绍：

> 发放了人身保护令，儿童的监护人多次到法院来请求他们解除人身保护令。法院工作人员虽然向当事人介绍，人身保护令只有 6 个月。当事人依然不依不饶的缠着他们。

法律规定了违法人身保护令，构成犯罪的，应追求刑事责任。但是对于违法人身保护令，不构成犯罪的，有没有相应规定。据一位基层家事法官介绍：

> 我问过了刑事庭的法官，如果违法了人身保护令，但是没有构成轻伤的，应该怎么办？刑事庭法官告诉我，刑事定罪是根据《刑法典》规定作出的。而《刑法典》里没有违法人身保护令的相应规定。

二是缺乏相应的安置措施。我国《民法通则》规定了"监护人不履行监护职责或者侵害被监护人的合法权益的，应当承担责任；给被监护人造成财产损失的，应当赔偿损失。人民法院可以根据有关人员或者有关单位的申请，撤销监护人的资格。"撤销监护权面临是重新安置。国家监护作为儿童保护的兜底制度，却存在监护水平不适应的问题，具体体现在：一方面是监护专业水平不适应。作为未成人的监护，应包括教育、医疗、心理、发展等多个方面，同时具备能为未成年人提供保护的专业工作人员，在我国尤其是在农村地区这方面比较欠缺。另一方面是监护保障设施不适应。无论是临时监护还是长期监护，都需能为未成年人提供固定的场所，以保障其在熟悉的家庭、家族和社区的环境下进行生活和学习。有些地方将救助站作为儿童庇护点，导致被安置的儿童生存环境恶化。一位救助工作站人员介绍：

送到救助站庇护的儿童，让我非常担心。先不讲儿童的教育问题，儿童安全问题就让我非常着急，因为救助站人员比较复杂，很多是流浪人员。

有些被撤销监护权资格的监护人，始终不能深刻认识到自己的失责，经常到儿童安置点闹事。据某地福利院一位工作人员介绍：

我们院今年接收了一位被安置过来的儿童，小孩父亲因车祸去世，母亲吸毒，小孩经常遭到母亲毒打，后经法院介入，撤销生母监护权。小孩身体健康，很多人愿意收养，但是其生母经常到福利院来闹事，弄得没有人敢收养。

总之，我国儿童虐待预防与干预，虽然在理念和立法方面都有明显进步，但以司法为主的保护模式对施虐者产生的震慑效应有限，且由于制度瞄准效率偏低，这就导致"隐蔽性虐待"还普遍存在。仅有的一些预防教育，因采取碎片化的管理方式，导致社会资源和专业力量分散，预防功能不足。

3.4　我国儿童虐待干预的实践困境：以 C 市防性侵为例

儿童是亿万家庭的寄托，是国家和民族的希望，承载着实现"中国梦"的历史使命。在经济社会迅速发展转型时期，受限于自身体力、智力发育不成熟，各方面能力、素质不健全，女童群体遭受性侵害逐渐呈现多发态势。依法建立健全性侵害未成年被害人保护机制，有利于向被害人给予最大限度的保护，及时对受到侵害的女童提供全方位、立体化救助，帮助他们重返人生的正常轨道。

3.4.1　案件特征

性侵害未成年人犯罪案件呈逐年上升趋势，此类案件 C 市检察机关 2017 年共办理 30 件，2018 年共办理 49 件，同比上升 63.33%，2019 年共办理 99 件，同比上升 50.51%。通过对 C 市 2018—2019 年的性侵女童 118 例案件分析发现，案件呈现以下特征：

受害人特征主要体现在以下几个方面：

（一）8～14 岁是女童遭受性侵的高风险年龄段

在调查的 118 例案件中，只有 1 例是针对男童的，其余主要针对女童。处于性发育阶段的少女，由于自我保护能力不足和社会保护缺失，成为遭受性虐高风险阶段。调查资料显示，75.4%（89/118）的性侵发生在少女 8 至 14 岁阶段，其中 5.1%（6/118）的性侵发生在少女 8 岁左右，6.8%（8/118）的性侵发生在少女 9 岁左右，10.2%（12/118）的性侵发生在少女 10 岁左右，6.8%（8/118）的性侵发生在少女 11 岁左右，11.8%（14/118）的性侵发生在少女 12 岁左右，18.6%（22/118）的性侵发生在少女 13 岁左右，16.1%（19/118）的性侵发生在少女 14 岁左右。从年龄特征可以得知，小学四年级至初中三年级是是少女易于被性侵犯的阶段。

（二）重组、单亲、流动等脆弱家庭的女童遭受性侵的风险更高

家庭是女童成长的第一所学校，但由于我国现有女童保护责任主要由家庭履行，一旦家庭出现失灵，女童也就失去安全网。调查资料显示，超五成的少女性虐案发生在重组、单亲、流动、留守和贫困家庭。其中 18.6%（22/118）少女性虐案发生在组合家庭，13.6%（16/118）少女性虐案发生在单亲家庭，10.2%（12/118）少女性虐案发生在流动家庭，6.8%（8/118）的少女性虐案发生在留守家庭，5.1%（6/118）少女性虐案发生在贫困家庭。被侵害的被害人的家长一般为外出务工人员，所居住的地区流动人口密集、来往人员复杂，外出务工家庭对孩子的自护教育不足、亲子关系淡漠，孩子在受到侵害后不知道事件的性质或在被侵害后羞于向最亲近的父母提起。如某案件中的嫌疑人系旅馆的老板，被害人均系 10 岁以下，被害人的父母均系外来务工人员，因在外打工，不能有效履行监护职责，嫌疑人将被害人带至其经营的旅馆对其猥亵、多次实施强奸。

侵害人特征主要体现在以下几个方面：

（一）以熟人作案为主

由于女童对于熟人戒备心较低，女童易于遭受来自熟人的侵害。调查资料显示，22.9%（27/118）性侵案侵害人为教师，19.5%（23/118）性侵案侵害人为继父，15.3%（18/118）性侵案侵害人为邻居或同学朋友，15.3%（18/118）性侵案侵害人为网友，15.3%（18/118）性侵案侵害人为陌生人，

7.6%（9/118）性侵案侵害人为亲生父亲，4.2%（5/118）性侵案侵害人为幼儿园保安。如2019年以来，Y区检察院院共计受理移送审查起诉在校教职工（包含辖区内培训机构）对在校未成年学生实施性侵害案件共计6件6人，占总人数的28.6%，涉及猥亵儿童罪、强奸罪等。相较于2018年的案发情况，幼儿园和中小学教职员工性侵害在校未成年学生的案件呈上升趋势。

（二）家庭、学校性侵案隐蔽性强

校园性侵待涉及受害人数最多，最多的达到24人，平均人数为7.5人左右。家庭性侵潜伏期最长，亲生父亲性侵子女最长是7年，最短是4年，平均是5.3年，继父性侵最长是7年，最短是1年，平均是3.56年。如高某性侵亲生女儿，时间长达7年。托管班老师趁人不备在托管班自己休息的寝室内对10岁女学生多次实施猥亵的行为。

（三）部分案件涉及恶势力犯罪集团

在该类犯罪中，未成年被害人为务工人员，被害人为"准成年"少女，学历不高，在酒吧等娱乐场所工作，受哄骗向实施"套路贷"的恶势力集团借钱，因高额利息不能归还，被强迫卖淫，并被恶势力集团成员强奸。这类案件主要由于被害少女心智不健全，对金钱的价值观不正确，被恶势力集团胁迫跟踪骚扰，被迫参与卖淫还债。如在一起强迫卖淫罪、强奸罪案中，被害人17岁，在酒吧工作，为筹钱做整容手术，被恶势力犯罪团伙哄骗被"套路贷"，最后成为该恶势力集团的摇钱树，被带至多家酒店卖淫还债，并被团伙成员强奸。另一起涉及犯罪团伙案件中，案件涉及吸毒、强奸和轮奸等行为，犯罪团伙涉及31人，其中9位为女童。

（四）网络性侵社会危害性大

通过网络隔空实施的性侵的一起案件中，作案时间长达3年多，被害人多达53人，且全部未满14周岁。其作案手段为冒充童星公司招聘人员，使用视频软件将自己伪装成女性，利用QQ与53名女童聊天，以招聘女童星需要检查三围、是否有妇科病、是否是处女、测试敏感度等为由，欺骗女童拍摄、发送裸露照片、视频或者进行QQ视频甚至要求被害人抚摸性器官供自己观看。该案具有极大的社会危害性，应引起相关部门高度重视，加强对网络的监管及对女童的性教育。

作案特征主要体现在以下几个方面：

（一）强迫、威逼和利诱是施虐人的主要手段

人为了保护自己免受伤害，都会本能地屈服于自己的恐惧。而儿童则更易于屈服，再加之"权威"，因此，威逼利诱成为侵害人的主要手段。调查资料显示，性侵侵害人普遍采取的是强迫、威逼和利诱方式。98.3%（116/118）的性侵案是侵害人强迫所致，95.8%（113/118）的性侵案采取威逼和利诱的方式。强迫、威逼和利诱主要是利用权威关系进行威逼利诱，23.7%（28/118）的性侵案中父亲或继父以父女权威关系进行威逼利诱女儿；15.3%（18/118）的性侵案中为老师以检查作业或者补习功课为由开展的，并利用师生权威关系威胁学生；8.5%（10/118）的性侵案中工作人员以公安局有亲戚或者本身为公安人员进行威胁未成年少女。

（二）家庭住宅、学校、宾馆和出租房是侵害的主要场所

家庭住宅、学校和父母的出租房里本应是儿童的安全港湾，是接受教育和受保护的场所，但却成为性侵案发生的主要侵害场所。调查资料显示，28.8%（34/118）性侵案发生在少女家庭住宅里，22.0%（26/118）的性侵案发生在学校教室或者教室办公室里，20.3%（24/118）性侵案发生在宾馆或者旅店里，11.9%（14/118）性侵案发生在父母的出租屋里，8.5%（10/118）性侵案发生在野外，5.1%（6/118）性侵案发生在面包车或小汽车车内，3.4%（4/118）性侵案发生在 KTV 或酒吧里。

（三）犯罪手段多样

犯罪分子往往利用冠冕堂皇的理由，以哄骗、威胁、恐吓等手段（很少以暴力手段），借批改作业，补课，辅导，做实验，背课文，谈话，检查作业，交作业，打扫卫生，量体温，数饭票，帮教师做家务、买东西，练琴，学电脑，看画册，拿东西，做习题等为由实施性侵害。

3.4.2　犯罪原因

（一）加害人的法律意识淡薄且心理扭曲

成年加害人实施侵害未成年人的行为在很大程度上是出于对未成年人合法权利的漠视，为满足自己畸形的生理或者心理需求进而铤而走险；未成年加害人实施侵害未成年人的行为主要是由于心智不成熟，因不知法、不懂法导致冲动犯罪。从关系亲疏程度来看，可以分为老师、熟人、监护人等关系密切的人和陌生人。关系密切的人往往会利用其对未成年人的控制优势，长期、隐蔽地实施侵害未成年人的行为。

（二）未成年被害人自我保护的意识和能力不强

未成年被害人的自我保护意识和能力不强，主要体现在两个方面：一方面，预防被侵害的意识和能力不强。未成年人涉世未深、好奇心强、认识能力和控制能力较弱，容易成为不法分子侵害的目标。不少犯罪分子就是利用未成年人相关知识匮乏、明辨是非能力差、易受不良行为影响、禁不起诱惑等特征对未成年人实施侵害行为。另一方面，侵害发生后主动报告的意识和妥善应对的能力不强。未成年人在青春期容易出现叛逆倾向，具体表现为过于自信，遇到困难大多选择自己解决，不愿与家长、老师等成年人交流。不少未成年人在被侵害后，出于害怕父母责备或者丧失颜面等顾虑以及受到犯罪分子威胁等因素，不知、不敢或者不愿向家长、老师或者公安机关报告，无法及时利用法律武器维护自身权益，以至于有的未成年被害人长期遭受逐步升级的侵害，个别未成年被害人甚至走上违法犯罪的道路。

（三）未成年被害人的成长环境有待优化

未成年人的健康成长与其成长环境息息相关，侵害未成年人犯罪案件高发也暴露出未成年被害人的成长环境有待优化。一是被害人的家庭监护缺位甚至被滥用。部分家长由于自身文化程度低、法律知识缺乏、收入不稳定、生活压力大等原因，没有认真履行自己的监护义务，对被监护的未成年人，特别是留守儿童、困境儿童等特殊群体管护、教育不到位，未传授被监护的未成年人应当具备的基本自护常识，未及时掌握被监护的未成年人不正常的心理状态，导致被监护的未成年人沦为犯罪分子侵害的对象。二是学校的安全管理存在漏洞。一方面，学校对法治教育工作的重视程度不够高，所开展的安全教育实效欠佳。部分学校法治教育关注重点在于预防青少年违法犯罪，对于青少年如何防范被侵害、青少年被侵害后如何处理缺乏必要的宣传教育。另一方面，学校的安全管理工作存在一些漏洞。侵害未成年人犯罪案件，有不少就发生在校园以及周边。学校工勤人员、校园小卖部店员没有从业资格要求，准入门槛较低，不需入职查询，多由学校自主聘用管理，同样存在安全隐患。三是社会管理存在监管盲区。未成年人健康成长需要社会的共同呵护，侵害未成年人犯罪案件的发生逐年上升也暴露了社会管理方面存在的诸多问题。如校外培训机构已成为性侵害未成年人犯罪的重灾区。这些托管、培训机构的监管部门涉及教育、市场监管、人社、民政等多家部门，由于缺乏协调配合工作机制，存在责任不清、相互推诿的情况，由此也产生监管盲区。此外，失学儿童、留守儿童、事实孤儿等缺乏职能部门和社会组织的监管，也增加了被侵害的风险。

3.4.3　工作实践

（一）加强宣传教育

C 市各级妇联加强维权法治活动，提高大众性教育知识和增强预防性侵的意识。如 C 市检察机关已向全市幼儿园、中小学派驻了 81 名检察长、副检察长和检察官担任法治副校长、法治辅导员，通过举办检察开放日、开设"校园法治论坛"、举办座谈会、发放宣传册等形式，采取互动式教学，以案释法，帮助青少年远离侵害，提高自我防范意识。F 区各级妇联组织、妇儿工委成员单位充分利用"3·8 维权周""5·15 国际家庭日""6·1 儿童节""6·26 国际禁毒日""11·25 反家暴日""12·4 宪法日"等重要节点开展维权、法制宣传教育活动，编印发放《妇女权益保障法》、《未成年保护法》以及性侵预防与干预等各类知识读本、宣传资料，开展性教育培训等培训，提高性教育知识普及、法治教育的宣传的力度和水平，从而提高广大妇女儿童预防性侵的意识和能力。2019 年，由 C 市 F 区妇联与区教育局主办，由 C 市的家庭成长关爱中心承办，举办了全省首个对全区家长开展家庭性教育的项目，活动时间一年，进行 13 场讲座的家庭性教育知识巡讲，覆盖了全区 13 个街道，帮助父母学会应对孩子各年龄段将出现的各种性教育问题的方法，帮助孩子防范性伤害，性教育内容升级，知识面更广。2019 年 10 月，F 区检察院以多功能工作区建成使用为契机，联合区妇联共同开展首届亲职教育培训班活动，之后常态化开展了亲职教育培训活动，帮助监护人正确履行监护职责，提高监护人的监护水平，从而形成家庭教育和法治教育的合力，以改善女童的成长环境，预防和减少涉及女童的违法犯罪。

（二）建构"五位一体"的"一站式"工作流程

C 市各区县检察院探索建立"五位一体"的保护模式，虽然站点有的是建立在区市检察院，有的建在区市公安局，有的建在庇护中心，但都围绕

"一站式"办案、法律援助、司法救助、心理帮扶与绿色通道五个方面开展，其中 F 区检察院建立的制度比较成熟。

一是完善办案机制。基于对未成年被害人的特殊保护，细化完善"一站式"工作流程和具体要求，规范取证询问特殊流程，力求一次完成询问、同步录音录像等工作。办案部门应对性侵害女童案件证据收集、证据标准、证据认定、证据运用及法律适用等方面达成共识。Y 区人民检察院与区公安分局就性侵害未成年被害人案件建立信息共享机制、适时介入侦查机制、共商研判机制和日常培训机制。Y 区公安分局联合各部门出台了《C 市 Y 区未成年被害人"一站式"取证工作实施细则（试行）》。F 区检察院与区公安局制定签署了《关于性侵害未成年人案件检察引导侦查工作制度的意见》，同区公安局、区法院制定签署了《C 市 F 区性侵害未成年人刑事案件办理机制》，就性侵害女童刑事案件检察机关引导侦查以及公、检、法就性侵害女童案件办理的标准和实施办法做进一步的规范和统一；同 C 市 F 区妇女联合会已共同制定签署了《建立共同推动保护妇女儿童权益工作合作机制实施细则》，就性侵害女童案件线索共享、联合救助帮扶、联合调查评估、维护性侵害未成年被害人权益、矛盾化解、法治宣传和犯罪预防等方面进行了具体详实的规定。

二是提供法律援助。在"一站式"取证过程中，要求侦查人员第一时间告知未成年被害人及其家属可以申请法律援助的法律规定，切实保护未成年被害人的合法权益，区司法局、区法律援助中心在对性侵害女童案件中的被害人提供法律援助时，简化申请法律援助的流程手续，并指派经验丰富、业务能力强、沟通能力好的女律师办理此类案件。

三是落实司法救助。针对未成年被害人民事赔偿相对滞后这一现实，要积极落实司法救助机制，将因犯罪行为造成人身伤害不能及时获得赔偿但需要治疗或生活困难的未成年被害人纳入司法救助的范围，优先给予申请司法救助，如不符合司法救助条件的，教育、民政、妇联、团委等要对确有困难的未成年被害人家庭给予物质上的帮扶。如 F 区检察院 2018 年制定的《未成年人国家司法救助实施办法》，2019 年度对 3 名性侵女童家庭提供司法救助金 4 万元。

四是加强心理帮扶。在一站式询问室内要单独设置心理治疗区，配备沙盘、音乐治疗等心理治疗设备，缓解案件询问时未成年被害人焦虑恐惧等情绪，开展后续的心理治疗。对心理创伤严重的未成年被害人，及时申请心理咨询专家介入，开展心理疏导。在有必要的情况下，还可以委托具有心理鉴定资质的机构对被害人遭受性侵害后的精神状态、该精神状态与被性侵事件的因果关系做出鉴定。如 2019 年 F 区检察院联合区妇联、市妇联的心理咨询师共对 4 名性侵害女童被害人及其家庭提供心理援助、危机干预 60 余次。

五是开辟医疗救助绿色通道。要求相关医院成立未成年被害人医疗小组，由专业医务人员一次性完成对被害人的身体检查及证据提取工作，并借助专业的医疗条件为因性侵害犯罪受到人身伤害的未成年被害人开辟医疗绿色通道，最大限度减轻未成年被害人所遭受的伤害。如 F 区检察院与当地医院签署了《性侵案件未成年被害人医疗救助合作协议》，就为性侵害未成年被害人开辟诊治、检查、化验、住院等绿色通道，提供医疗救助范围等内容进行详细规定。

（三）逐步建立性侵女童社会预防机制

女童保护是一项系统工程，需要全社会各方面共同努力。Y 区与 F 区检察院持续加强与社会各界的协作配合，下大力气构建女童检察社会支持体系，推动形成女童保护合力。联合公安、法院、妇联、教育部门、学校等加强监管以及线案共享和协调配合，建立性侵女童社会预防综合配套机制，对性侵女童案件从源头上予以预防。Y 区检察院与当地婚姻家庭公益服务中心建立合作关系，由其配合提供未成年被害人的心理疏导、亲职教育等服务；以办理案件为抓手，以向 Y 区教育局发出建议的方式，要求教育部门加强儿童教育行业从业人员准入审核，资格审查。教育局进行了整改，联合 Y 区妇联、C 市检察院、教育主管部门以"法治进校园""检察开放日""检察官妈妈的一封信"等方式，共同加强普法宣传，大力宣传女童预防性侵害的注意事项、技巧，增强女童自我保护能力；L 市（县级市，隶属 C 市）安排检察官参与 C 市妇联等部门举办的防性侵培训，提升防性侵讲座的专业性和实用性；联合 L 市妇联、社会性公益组织，由检察官、儿童教育专家、心理咨询师开展家长课、社区法治课堂，取得了良好的宣传效果。

（四）探索建立强制亲职教育

根据国家亲权理论，对于侵害人为未成年人的监护人，以及因失足女童、未成年被害人监护人疏于监护、性侵害等履职不当所造成被害人被性侵的，经监护评估，相关监护人应接受强制亲职教育的。F 区检察院联合 F 区教育局、区妇联等部门组织监护人接受强制亲职教育，帮助监护人提高监护能力，履行监护职责，对逾期不参加亲职教育培训的，该院将向监护人送达《强制亲职教育到场通知书》，监护人无正当理由两次拒不接受强制亲职教育，将启动强制程序，依据《预防未成年人犯罪法》第四十九条、《中华人民共和国治安管理处罚法》第四十五条的规定，由公安机关予以行政处罚。如：该院同区妇联针对涉罪女童的多名监护人开展的亲职教育培训班、团体心理辅导亲子营活动，涉罪女童的家长都能积极参与亲职教育活动。

（五）严厉打击侵害未成年人犯罪

一是建立侵害未成年人案件强制报告制度，确保及时有效发现、处置侵害未成年人犯罪线索。Y 区院、F 区院与区妇联就侵害妇女儿童权益线索共享、线索移送达成合作机制；N 市（县级市，隶属 C 市）院通过微课堂、发放宣传册等形式宣传侵害未成年人案件强制报告制度的内容，提请政法委组织召开保护未成年人工作推进会，明确相关单位在强制报告制度实施过程中的责任，并就强制报告的文书样式统一规范。二是坚持"零容忍"，依法从严从快办理侵害未成年人犯罪案件。办案中始终保持高压态势，体现对侵害未成年人犯罪的从严打击、快速办理。三是对性侵害未成年人案件上提一级审查把关。按照 H 省检察院的要求，所有性侵害未成年人案件在审查逮捕和审查起诉环节作出决定前都要报上一级检察机关审查。通过捕前、诉前的审查，加大对此类案件的督导，形成办案合力，确保指控有力。四是对侵害未成年人被告人提起公诉时依法建议对其适用从业禁止制度。F 区院、W 区院等单位在办理利用职务便利实施侵害未成年人犯罪的案件过程中，均依法向法院提出从业禁止建议，并得到法院支持。为将从业禁止的执行制度化、规范化，F 区院向区教育局发出检察建议，要求教育部门加强儿童教育行业从业人员准入审核，资格审查；N 市院联合监委、政法委、法院、公安局、教育局和司法局共同出台《在未成年人教育培训和看护行业建立入职查询和从业禁止制度的意见》。

3.4.4　工作困境

C 市通过建立强制报告制度、"一站式"取证等事后保护机制，在保护儿童方面取得一定的成效。但由于儿童虐待的隐蔽性以及案件的复杂性等特征导致事后保护机制在实务过程中存在"报案难"、"立案难"、"取证难"和"康复难"等困境。

（一）报案难

案件加害人往往都与受害人有密切的联系，受害人大多不敢报案。很多父母选择隐瞒，他们认为这是很丢脸的事情。由于我国传统的"处女"情结还很有影响，尤其是在比较闭塞的乡村，女孩失去贞节，不论是自愿还是被迫，都是有了"缺陷"的女孩，背后的"污名化"使女孩和其亲属不得不承受犯罪之外的沉重压力。受害者在遭受性侵害后，还不得不忍受同学和邻居的背后议论以及社会氛围的不宽容。如果案件中被害人不只一个，即使有些父母向公安机关报了案，其他的父母仍然坚持不报案；或者，在公安机关已经立案进行侦查的过程中，也不配合，不做笔录；有些案件，所有受害人的父母一致保持沉默，直到侵害人因为其他罪行被逮捕后才供出强奸案件。如在一起生父猥亵女儿的案件中，其母亲在小学二年级就发现，却一直未报警，直到初中被老师发现才举报。

（二）立案难

依据我国目前的法律规定，公安机关在接到报案以后并不立即立案，在立案之前要审查涉嫌犯罪的基本事实材料，能够证明所报的案件可能涉嫌犯罪，公安机关才立案。但在性侵害女童案件中，当孩子受到伤害后，她本身可能并不知道被"性侵害"，根本不可能知道要保存证据以及怎样保存证据，更不要说哪些是有效证据了。有些孩子因为年龄太小，遇到性侵害这种事情，不知道这是对她的犯罪。再者，这类案件发生时基本上要么没有第三人在场，不可能让其他人来作证、受害人提供证据又难以被采信（因为这些受害人受害时平均年龄才 9 岁）。往往因事实无法查清，证据无法采信而不立案。如 N 市的涉嫌猥亵案件，派出所接到母亲报案之后，以证据不足不予立案。

（三）取证难

该类案件所涉及的证据种类主要集中于被害人陈述、证人证言、被告人供述和辩解、现场勘验笔录几个部分，而在物证、书证、鉴定意见、视听资料和电子数据上较为稀缺。言词证据占比大是该类案件的显著特点。言词证据占到证据总量的 67%，实物证据占 33%。但言词证据所具有的不稳定性，无形中增加了侦查取证的难度。如在一起强奸女童案的取证过程中，不仅犯罪嫌疑人的供述不稳定、被害人的陈述也不稳定。导致该案在办理过程中面临很大的困难。

（四）康复难

调查组深度挖掘的 10 件性侵案件中，被害人及其监护人对性侵伤害的后果认识不足。该院均告知了被害人及其监护人，由该院及妇联提供心理咨询师对其进行心理干预，仅有 4 名家长同意让被害人参与心理治疗，其余 6 名被害人及其家长认为性侵案件发生后对被害人的名声不好，孩子没有症状，孩子会慢慢遗忘伤疤，不愿再提起、不愿做心理治疗。但被害人遭受的性创伤一直存在，有部分被害人在我院及妇联心理咨询师介入后心理康复情况仍不理想。如在一起性侵害女童案中，案件发生后，虽然有妇联心理咨询师介入参与了 30 余次的心理干预，但被害人因其家庭关系问题，仍有自伤自残等急性应激反应。

从 C 市防性侵制度建设探索可知，事后保护可以作为防性侵的最后一道防线，但并不能有效降低儿童遭受性侵风险。基于风险视角，加大事前预防机制应是儿童防性侵的重点。

第 4 章 描述性分析

4.1 样本基本情况

4.1.1 样本特征

根据调查数据可知：一是样本性别比例基本平衡，男童占 51.4%，女童占 48.6%。二是样本在初中与小学以及不同年级之间分配基本持平，样本中小学五年级学生占 25.6%，六年级学生占 25.7%，初中一年级占 23.5%，初中二年级占 23.5%，初中三年级本来未在抽样计划中，但为了让初中与小学样本数量基本持平，在湖南某区增加了两个班占比 1.7%。三是农村与城市户口基本持平，农村户口略多，农村户口占到 50.6%，城市户口占到 49.4%。四是特殊群体儿童占有一定的比例，经常患病的占了 6.1%，残疾学生占了 1.8%，流动儿童占 8.3%，留守儿童占 13.3%，父母死亡或出走无消息占 1.5%，父母离异占 3.2%（见表 4-1）。样本分布的性别、年级、城乡和特殊群体儿童分布，与我国儿童分布基本吻合，这也充分说明数据在样本分配和质量控制方面采取的措施比较有效。

4.1.2 量表的信度检验

儿童虐待量表的信度系数（Cronbach α）系数值为 0.862。这说明儿童虐待量表内部之间具有良好的一致性。儿童虐待测量量表的 5 个因子的 25 个测量项之间相关矩阵分析结果显示测量项之间存在一定的相关性。Bartlett 检验的卡方值为 27176.567，P 值为 0.000。这表明 25 个测量项组成的相关矩阵不是单位矩阵，存在能解释问卷中大部分信息的公因子。采用主成分分析方法的分析结果表明：有 5 个公因子的特征值大于 1。根据因子负荷大小因子分析的结果表明：五个因子分别为情感忽视、躯体虐待、性虐待、情感虐待和躯体忽视。因子分类与原作者基本相似，只是在测量项的归属上略有差别。

表 4 - 1　样本基本特征

变量	频数	有效百分比（%）	变量	频数	有效百分比（%）
性别			是否为流动儿童		
男	2185	51.4	否	3935	91.7
女	2069	48.6	是	357	8.3
年级			是否为留守儿童		
小学五年级	1083	25.6	否	3723	86.7
小学六年级	1086	25.7	是	572	13.3
初中一年级	992	23.5	父亲文化程度		
初中二年级	994	23.5	没上过学	44	1.0
初中三年级	73	1.7	小学	599	14.1
户口			初中	1419	33.4
农村户口	2041	50.6	高中	981	23.1
城市户口	1995	49.4	专科	483	11.4
是否经常患病			大学本科以上	726	17.0
否	4015	93.9	母亲文化程度		
是	260	6.1	没上过学	114	2.7
是否身体有残疾			小学	808	19.2
否	4136	98.2	初中	1333	31.7
是	74	1.8	高中	886	21.0
就读学校			专科	483	11.5
公立示范学校	1002	23.5	大学本科以上	587	13.9
公立普通学校	2799	65.8	父母状况		
私立学校	70	1.6	父母死亡或出走	66	1.5
打工子弟学校	367	8.6	父母离异	139	3.2
其他	17	0.5	家庭完整	4088	95.3

注：表中百分比为有效百分比，鉴于篇幅，缺失值没有一一列出来。

儿童长处与困难的量表的信度系数（Cronbach α）系数值为 0.630。这说明儿童长处与困难量表内部之间具有较好的一致性。儿童长处与困难的 5 个因子的 25 个测量项之间相关矩阵分析结果显示测量项之间存在一定的相关性。Bartlett 检验的卡方值为 200337.647，P 值为 0.000，这表明 25 个测量项组成的相关矩阵不是单位矩阵，存在能解释问卷中大部分信息的公因子。主成分分析的结果表明：有 5 个公因子的特征值大于 1。根据因子负荷大小以及因子分析的结果表明：五个因子分别为情绪症状、多动、品行、同伴交流和亲社会行为。因子分类与原作者基本相似，只是在测量项的归属上略有差别。

4.2　家庭风险状况

4.2.1　家庭问题因子分析

家庭是儿童成长主要场所，家庭存在的一些问题成为儿童成长风险因子。访谈案例中小文（化名）是比较典型的。

> 小文受到持续两年的性虐待，并伴有威胁、恐吓等情感上的压迫。小文所在家庭结构比较复杂，因母亲的离婚而随母亲改嫁与继父，母亲因自责而带来的过分在意小文的感受，使得小文非常的敏感，为了在继父家不让母亲受到委屈，所以变得非常的乖张，因此，继父在一开始也非常疼爱小文。后因母亲的外出，使得小文与母亲的连结变少，之前母女强烈的依恋关系开始松散。继父因此逐渐代替了这种连结关系，但是小文的敏感性格和继父之间并没有形成融洽的连结，造成了继父会在喝醉酒后，不顾小文的反抗，对小文施暴猥亵。

案例中生活在重组家庭的小文，由于缺乏应有的预防措施，导致遭受了长达两年的性侵。调查数据显示：部分儿童所在家庭存在一些风险因子。

一是一成左右的儿童所在家庭经济状况为相对贫困或相对贫困边缘。调查数据显示，8.0%的儿童所在家庭经济状况处于相对贫困或贫困边缘，其中6.7%的认为家庭经济状况"不太好"，1.3%的认为家庭经济状况"很不好"；56.2%的认为家庭经济状况"一般"；35.8%的认为家庭经济状况"比较好"和"很好"（见表4－2）。

表4－2　和同学比较，你觉得你家的经济条件怎么样？（单选）

		频数	百分比（%）	有效百分比（%）	累积百分比（%）
有效	很好	326	7.6	7.6	7.6
	比较好	1200	27.8	28.1	35.8
	一般	2396	55.5	56.2	92.0
	不太好	287	6.6	6.7	98.7
	很不好	56	1.3	1.3	100.0
	合计	4265	98.8	100.0	
缺失		52	1.2		
总计		4317	100.0		

二是部分儿童居住环境面临安全风险。调查显示，4.7%的儿童住在父母单位或雇主提供的宿舍，2.5%的儿童住在工棚或父母搭建的简易棚屋，3.0%住在亲戚朋友家，17.5%住在父母租的房子，72.4%的住在父母建的或买房子里（见表4-3）。住在工棚或者父母与同事合租房子的儿童面临安全风险较大，一方面是缺乏相应的安全保障，另一方面儿童尤其女童容易遭受性侵。

表4-3 目前你家的住所是？（单选）

		频数	百分比（％）	有效百分比（％）	累积百分比（％）
有效	父母建的或买的房子	3091	71.6	72.4	72.4
	父母单位或雇主提供的宿舍	199	4.6	4.7	77.1
	工棚	15	0.3	0.4	77.4
	父母搭建的简易棚屋	91	2.1	2.1	79.6
	父母租的房子	746	17.3	17.5	97.0
	住亲戚朋友家	127	2.9	3.0	100.0
	合计	4269	98.9	100.0	
缺失		48	1.1		
总计		4317	100.0		

三是跟随继父、继母或父母同事居住占到一定的比例。调查显示：有139人跟继父或继母一起居住，有47人是跟父母同事一起居住，有70人跟继父或继母的兄弟姐妹一起居住，有38人跟随继父或继母的子女一起居住（见表4-4）。

表4-4 你现在跟下列哪些人一起居住（多选）

	频数	百分比（％）
你现在和亲生父亲一起居住生活	3334	78.0
你现在和亲生母亲一起居住生活	3455	80.8
你现在和继父一起居住生活	58	1.4
你现在和继母一起居住生活	81	1.9
你现在和祖父一起居住生活	1154	27.0
你现在和祖母一起居住生活	1430	33.5
你现在和亲叔叔或伯伯一起居住生活	227	5.3
你现在和继父或继母的兄弟姐妹一起居住生活	70	1.6
你现在和亲兄弟姐妹一起居住生活	1133	26.5
你现在和继父或继母的子女一起居住生活	38	0.9
你现在和父母的男同事一起居住生活	23	0.5
你现在和父母的女同事一起居住生活	24	0.6
其他	52	1.2
合计	11079	259.2

四是部分儿童经常目睹家庭暴力。调查显示：6.6% 的儿童经常目睹家中成员激烈争吵，甚至打架（见表 4 - 5）。

表 4 - 5　家中成员经常激烈争吵，甚至打架

		频数	百分比（%）	有效百分比（%）	累积百分比（%）
有效	是 = 1	284	6.6	6.6	100.0
	否 = 0	4012	92.9	93.4	93.4
	合计	4296	99.5	100.0	
缺失		21	0.5		
总计		4317	100.0		

4.2.2　照顾者问题因子分析

照顾者是儿童成长中的最为亲近的人。照顾者因自身的一些问题可能导致儿童遭受虐待风险提高。访谈案例中小胡（化名）是比较有代表性的。

> 胡父对小胡要求严厉苛刻，一有不满就大声责骂小胡，小胡因此非常内向和自卑，并且不许小胡出门，外出玩耍规定时间，并要在完成分派的家务活之后，一有违反则严厉处罚。自小胡记事以来，不分场合，胡父经常斥责和责打小胡，不管他人如何劝阻，父亲仍然我行我素，并命令小胡不得出家门，必须在家完成指定的家务活。

案例中小胡受到严重的身体虐待和情感虐待，并存在一定的儿童忽视。小胡所在家庭结构比较简单，与小胡连结较紧密的是奶奶和姑妈。小胡父母之间关系紧张，是造成家庭风险的关键因素；小胡父亲生性暴躁，专横霸道，与小胡母亲之间沟通不良，对小孩教育不当，伤害了父亲与小孩之间的关系。

照顾者存在一定的角色缺位、无能和拒绝行为。调查数据显示：照顾者不同程度存在一些问题，4.5% 的父亲或母亲或其他家庭成员有精神疾病或身体残疾，7.0% 的父亲或母亲或其他家庭成员有酗酒习惯，1.3% 的父亲或母亲或其他家庭成员有毒瘾，1.8% 的父亲或母亲或其他家庭成员有自杀念头或记录，1.8% 的家里的居住环境脏、乱、差，而且不安全，11.7% 的父亲或母亲喜欢用打骂的方式教育孩子，7.6% 的父亲或母亲有打麻将、买地下六合彩等赌博习惯，0.9% 的父亲或母亲或家庭成员有犯罪前科记录（见表 4 - 6）。

表4-6 你的家中是否存在以下现象

变量	选项	频数	百分比（%）	有效百分比（%）	累积百分比（%）
（1）父亲或母亲或其他家庭成员有精神疾病或身体残疾	否＝0	4101	95.0	95.5	95.5
	是＝1	195	4.5	4.5	100.0
	合计	4296	99.5	100.0	
（2）父亲或母亲或其他家庭成员有酗酒习惯	否＝0	3994	92.5	93.0	93.0
	是＝1	299	6.9	7.0	100.0
	合计	4293	99.4	100.0	
（3）父亲或母亲或其他家庭成员有毒瘾	否＝0	4238	98.2	98.7	98.7
	是＝1	54	1.3	1.3	100.0
	合计	4292	99.4	100.0	
（4）父亲或母亲或其他家庭成员有自杀念头或记录	否＝0	4219	97.7	98.2	98.2
	是＝1	76	1.8	1.8	100.0
	合计	4295	99.5	100.0	
（5）你家里的居住环境脏、乱、差，而且不安全	否＝0	4217	97.7	98.2	98.2
	是＝1	79	1.8	1.8	100.0
	合计	4296	99.5	100.0	
（6）父亲或母亲喜欢用打骂的方式教育你	否＝0	3796	87.9	88.3	88.3
	是＝1	505	11.7	11.7	100.0
	合计	4301	99.6	100.0	
（7）父亲或母亲有打麻将、买地下六合彩等赌博习惯	否＝0	3970	92.0	92.4	92.4
	是＝1	327	7.6	7.6	100.0
	合计	4297	99.5	100.0	
（8）父亲或母亲或家庭成员有犯罪前科记录	否＝0	4257	98.6	99.1	99.1
	是＝1	40	0.9	0.9	100.0
	合计	4297	99.5	100.0	

4.2.3 家庭风险指数

为进一步分析家庭风险状况，家庭风险指数将家庭和照顾者问题风险因子中的01变量的加总。家庭风险指数的均值为0.6，最大值是12，最小值为0。该指数分数越高表示儿童所在家庭面临的风险也就越大（见表4-7）。

表 4 - 7 家庭风险指数

	样本量	最小值	最大值	均值	标准差
风险指数	4245	0.0000	12.0000	0.6450	1.1499
合计	4245				

4.3 儿童虐待状况

4.3.1 躯体忽视状况

父母本应为儿童成长提供遮风挡雨的保护伞，悉心关心其温饱和寒冷，但由于各种条件限制，躯体忽视不同程度存在。调查数据显示：23.3%的儿童认为存在"我吃不饱"问题，其中17.2%的是"偶尔"吃不饱，4.8%的是"有时"吃不饱，0.7%的是"经常"吃不饱，0.6%的总是吃不饱；23.0%的认为在"有人照顾我、保护我"方面存在一些问题，其中有6.8%的认为"从未"有人照顾我、保护我，6.5%的认为"偶尔"有人照顾我、保护我，9.7%的认为"有时"有人照顾我、保护我。4.0%的认为自己的父母因为酗酒、吸毒或赌博而不能照顾家庭；14.0%的认为在"有人关心我的身体健康"方面存在一些问题（见表4-8）。

表 4 - 8 儿童躯体忽视因子结果

测量项		从未	偶尔	有时	经常	总是	合计
（1）我吃不饱	频数	3298	742	208	28	26	4302
	百分比（%）	76.7	17.2	4.8	0.7	0.6	100.0
（2）有人照顾我、保护我	频数	291	279	414	902	2394	4280
	百分比（%）	6.8	6.5	9.7	21.1	55.9	100.0
（3）我的父母因为酗酒、吸毒或赌博而不能照顾家庭	频数	4126	77	36	25	33	4297
	百分比（%）	96.0	1.8	0.8	0.6	0.8	100.0
（4）我经常穿脏衣服	频数	3463	585	137	46	67	4298
	百分比（%）	80.6	13.6	3.2	1.1	1.5	100.0
（5）有人关心我的身体健康	频数	219	136	247	706	2987	4295
	百分比（%）	5.1	3.2	5.8	16.4	69.5	100.0

4.3.2   情感虐待状况

"恶语伤人六月寒",作为儿童的朝夕相伴的主要陪伴和照顾人,其言语对儿童的影响最为重要。调查数据显示:31.8%的儿童认为家里有人喊他"笨蛋""懒虫""丑八怪"等,其中19.4%的认为是"偶尔"有,8.2%的认为是"有时"有,2.4%的认为是"经常"有,1.8%是"总是"有;14.9%的儿童认为有"我觉得父母讨厌我,希望从来没有生过我"的感知,其中9.6%的认为是"偶尔"有,2.9%的认为是"有时"有,2.4%的认为是"经常"或"总是"有;31.5%的儿童认为有"家里有人向我说过侮辱性或让我伤心的话"的感知,其中18.8%的认为是"偶尔"有,7.9%的认为是"经常"有,4.8%的认为是"经常"或"总是"有;11.3%的儿童认为有"我觉得家里有人憎恨我"的感知,其中6.4%的认为是"偶尔"有,2.3%的认为是"有时"有,2.6%的认为是"经常"或"总是"有;11.1%的儿童认为有"我的心灵受到了折磨或虐待"的感知,其中7.0%的认为是"偶尔",2.3%的认为是"有时",1.8%的认为是"经常"或"总是"有(见表4-9)。这说明,在当前我国儿童遭受情感虐待现象比较严重。

表4-9　情感虐待因子结果

测量项		从未	偶尔	有时	经常	总是	合计
(1)家里有人喊我"笨蛋""懒虫""丑八怪"等	频数	2932	834	350	103	79	4298
	百分比(%)	68.2	19.4	8.2	2.4	1.8	100.0
(2)我觉得父母讨厌我,希望从来没有生过我	频数	3656	411	125	48	57	4297
	百分比(%)	85.1	9.6	2.9	1.1	1.3	100.0
(3)家里有人向我说过侮辱性或让我伤心的话	频数	2934	807	340	109	98	4288
	百分比(%)	68.5	18.8	7.9	2.5	2.3	100.0
(4)我觉得家里有人憎恨我	频数	3810	276	98	39	72	4295
	百分比(%)	88.7	6.4	2.3	0.9	1.7	100.0
(5)我的心灵受到了折磨或虐待	频数	3814	298	99	30	49	4290
	百分比(%)	88.9	7.0	2.3	0.7	1.1	100.0

4.3.3　情感忽视状况

家是儿童成长最重要的场所，和谐家园是儿童健康成长的必备条件。调查数据显示：只有 52.3% 的儿童认为"总是"有"家里有人使我觉得我很重要"的感知，68.0% 的儿童认为"总是"有"我感到家里人爱我"的感知，63.7% 的儿童认为"总是"有"家里人彼此互相关心"的感知，64.4% 的儿童认为"总是"有"家里人关系很亲密"的感知，69.9% 的儿童认为"总是"有"家是我获得力量和支持的源泉"的感知（见表 4 – 10）。根据调查数据可知，有三成多的儿童认为存在不同程度的情感忽视问题。

表 4 – 10　情感忽视因子统计结果

测量项		从未	偶尔	有时	经常	总是	合计
（1）家里有人使我觉得我很重要	频数	379	384	607	665	2232	4267
	百分比（%）	8.9	9.0	14.2	15.6	52.3	100.0
（2）我感到家里人爱我	频数	194	182	320	678	2918	4292
	百分比（%）	4.5	4.2	7.5	15.8	68.0	100.0
（3）家里人彼此互相关心	频数	180	192	287	899	2740	4298
	百分比（%）	4.2	4.5	6.7	20.9	63.7	100.0
（4）家里人关系很亲密	频数	233	180	308	805	2758	4284
	百分比（%）	5.4	4.2	7.2	18.8	64.4	100.0
（5）家是我获得力量和支持的源泉	频数	202	185	252	655	3002	4296
	百分比（%）	4.7	4.3	5.9	15.2	69.9	100.0

4.3.4　躯体虐待状况

家庭暴力不仅伤害儿童的肉体，而且还会对其精神以及成长产生损害。调查数据显示：3.9% 的儿童认为发生过"家里有人打我，打得很重，不得不去医院"的事件；14.5% 的儿童认为发生过"家里有人打得我皮肤青紫或留下伤痕"的事件；12.9% 的儿童认为发生过"家里有人用皮带、绳子、木板或其他硬东西惩罚我"的事件；9.1% 的儿童认为有"我感觉我受到了躯体虐待"的感知；7.5% 的儿童认为发生过"我被打得很重，引起了老师、邻居或医生等人的关注"的事件（见表 4 – 11）。根据调查数据可知，一成左右的儿童遭受着不同程度的躯体虐待。

表4-11 躯体虐待因子统计结果

测量项		从未	偶尔	有时	经常	总是	合计
（1）家里有人打我，打得很重，不得不去医院	频数	4129	82	40	13	31	4295
	百分比（%）	96.1	2.0	0.9	0.3	0.7	100.0
（2）家里有人打得我皮肤青紫或留下伤痕	频数	3681	409	148	32	34	4304
	百分比（%）	85.5	9.6	3.4	0.7	0.8	100.0
（3）家里有人用皮带、绳子、木板或其他硬东西惩罚我	频数	3737	354	110	38	53	4292
	百分比（%）	87.1	8.2	2.6	0.9	1.2	100.0
（4）我感觉我受到了躯体虐待	频数	3907	219	82	32	57	4297
	百分比（%）	90.9	5.2	1.9	0.7	1.3	100.0
（5）我被打得很重，引起了老师、邻居或医生等人的关注	频数	3978	146	62	52	62	4300
	百分比（%）	92.5	3.5	1.4	1.2	1.4	100.0

4.3.5 性虐待状况

性的保护关乎儿童一辈子的幸福。调查数据显示：5.9%的儿童认为发生过"有人以带有性色彩的方式触摸我或让我触摸他/她"，3.6%的儿童认为"有人威逼或者引诱我同他/她做性方面的事"，6.2%的儿童认为"有人试图让我做或看性方面的事"，6.9%的儿童认为"有人调戏我，如耍流氓、动手动脚等"，3.3%的儿童他/她遭受到了性侵犯（见表4-12）。

表4-12 性虐待统计结果

测量项		从未	偶尔	有时	经常	总是	合计
（1）有人以带有性色彩的方式触摸我或让我触摸他/她	频数	4044	102	54	42	57	4299
	百分比（%）	94.1	2.3	1.2	1.0	1.3	100.0
（2）有人威逼或者引诱我同他/她做性方面的事	频数	4132	54	29	24	48	4287
	百分比（%）	96.4	1.2	0.7	0.6	1.1	100.0
（3）有人试图让我做或看性方面的事	频数	4013	122	66	30	47	4278
	百分比（%）	93.8	2.9	1.5	0.7	1.1	100.0
（4）有人调戏我，如耍流氓、动手动脚等	频数	4000	171	66	24	34	4295
	百分比（%）	93.1	4.0	1.5	0.6	0.8	100.0
（5）我认为我受到了性侵犯	频数	4150	56	30	16	39	4291
	百分比（%）	96.7	1.3	0.7	0.4	0.9	100.0

4.3.6　儿童虐待总体状况

为统计儿童虐待总体情况，虐待类型"从未"选项分值计为 0 分，"偶尔，有时，经常，总是"四个选项计为 1 分，0 分表示从未遭受过该类虐待，1 分表示遭受了虐待。五类虐待分值进行加总，1 分表示儿童遭受了一类虐待；2 分表示遭受过两类虐待，3 分表示遭受了三类虐待，4 分表示遭受了四类虐待，5 分表示遭受了五类虐待。从统计结果可知，儿童虐待已经不是小概率事件，仅有 15.4% 的儿童从未遭受过任何类型虐待；有 84.6% 遭受过一类以上的虐待，其中 17.9% 的遭受过一类虐待，25.0% 的遭受过两类虐待，22.3% 遭受过三类虐待，13.3% 遭受过四类虐待，6.1% 的遭受五类虐待（见表 4 – 13）。

表 4 – 13　儿童虐待总体发生率

		频率	百分比	有效百分比	累积百分比
有效	0	611	14.2	15.4	15.4
	1.00	708	16.4	17.9	33.3
	2.00	993	23.0	25.0	58.3
	3.00	886	20.5	22.3	80.6
	4.00	527	12.2	13.3	93.9
	5.00	241	5.6	6.1	100.0
	总计	3966	91.9	100.0	
缺失	系统	351	8.1		
总计		4317	100.0		

儿童虐待类型之间存在较强的相关性。五类虐待程度 Pearson 相关性系数通过了 1% 显著性检验。从相关系数可知，虐待类型具有伴生性特征。儿童遭受了情感虐待，往往也会遭受躯体虐待、情感忽视；遭受了性虐待，往往也会遭受躯体虐待；遭受了情感忽视，往往也会伴随躯体忽视（见表 4 – 14）。

表 4 – 14　儿童虐待相关系数表

	情感虐待	躯体虐待	性虐待	情感忽视	躯体忽视
情感虐待	1	.573**	.384**	.458**	.432**
躯体虐待	.573**	1	.431**	.363**	.393**
性虐待	.384**	.431**	1	.235**	.301**
情感忽视	.458**	.363**	.235**	1	.618**
躯体忽视	.432**	.393**	.301**	.618**	1

**. 在置信度（双测）为 0.01 时，相关性是显著的。

根据儿童虐待量表的积分法则（从未，偶尔，有时，经常，总是，分别计为0分，1分，2分，3分，4分），将儿童虐待的五个因子的测量项加总。统计结果显示：情感虐待的均值为1.63，最大值为20，最小值为0，标准差为2.49；躯体虐待的均值为0.81，最大值为20，最小值为0，标准差为1.98；性虐待的均值为0.52，最大值为20，最小值为0，标准差为1.83；情感忽视的均值为3.54，最大值为20，最小值为0，标准差为4.22；躯体忽视的均值为2.54，最大值为20，最小值为0，标准差为2.54（见表4-15）。各虐待类型加总分数越高，就意味着儿童遭受该类型虐待程度越严重。

表4-15　儿童虐待总体情况

	样本量	最小值	最大值	均值	标准差
情感虐待	4228	0.00	20.00	1.63	2.49
躯体虐待	4254	0.00	20.00	0.81	1.98
性虐待	4225	0.00	20.00	0.52	1.83
情感忽视	4187	0.00	20.00	3.54	4.22
躯体忽视	4220	0.00	18.00	2.12	2.54
有效样本量	3966				

4.4　儿童长处与困难描述分析

4.4.1　亲社会行为因子描述分析

亲社会行为是儿童社会融入的关键因子。调查数据显示：九成以上的儿童具有亲社会行为品质，96.0%的儿童认为会"尝试对别人友善，关心别人的感受"；92.5%的儿童认为会"常与他人分享（糖果、玩具、铅笔等等）"；93.0%的儿童认为"有人受伤、不舒服或是生病，我都乐意帮忙"；91.9%的儿童认为会"友善地对待比我年少的孩子"；92.6%的儿童"常自愿帮助别人（父母、老师或同学）"（见表4-16）。亲社会行为虽然总体上是比好的，但是部分儿童还是不同程度的存在自我隔离的倾向。

表 4 - 16　亲社会行为因子统计结果

测量项		不符合	有点符合	完全符合	合计
我尝试对别人友善，我关心别人的感受	频数	170	1803	2327	4300
	百分比（%）	4.0	41.9	54.1	100.0
我常与他人分享（糖果、玩具、铅笔等等）	频数	322	2073	1909	4304
	百分比（%）	7.5	48.1	44.4	100
如果有人受伤、不舒服或是生病，我都乐意帮忙	频数	301	1735	2271	4307
	百分比（%）	7.0	40.3	52.7	100.0
我会友善地对待比我年少的孩子	频数	350	1476	2469	4295
	百分比（%）	8.1	34.4	57.5	100.0
我常自愿帮助别人（父母、老师或同学）	频数	320	1830	2151	4301
	百分比（%）	7.4	42.5	50.0	100.0

4.4.2　多动因子描述分析

多动、注意力不集中将影响儿童的习惯养成和学习成绩。调查显示：45.7%的儿童认为会有"不能安定，不能长时间保持安静"的习惯；35.5%的儿童认为会有"经常坐立不安或感到不耐烦"的感觉；48.3%的儿童认为会有"容易分心，难于集中精神"的习惯；10.9%的儿童认为其"做事前不会先想清楚"；11.8%的儿童认为其总不能把手头上的事情办妥（见表 4 - 17）。根据调查数据可知，多动行为虽然存在程度差异，但是比较普遍。

表 4 - 17　多动因子统计结果

测量项		不符合	有点符合	完全符合	合计
我不能安定，不能长时间保持安静	频数	2323	1624	331	4278
	百分比（%）	54.3	38.0	7.7	100.0
我经常坐立不安或感到不耐烦	频数	2769	1190	335	4294
	百分比（%）	64.5	27.7	7.8	100.0
我容易分心，我觉得难于集中精神	频数	2218	1677	392	4287
	百分比（%）	51.7	39.2	9.1	100.0
我做事前会先想清楚	频数	465	2096	1725	4286
	百分比（%）	10.9	48.9	40.2	100.0
我总能把手头上的事情办妥，我注意力良好	频数	507	2330	1451	4288
	百分比（%）	11.8	54.4	33.8	100.0

4.4.3　情绪症状因子描述分析

恐惧、担忧、紧张等情绪会影响儿童的身心发展，甚至有时候还会导致其出现极端情绪。调查显示：26.7%的儿童认为会有"经常头痛、肚子痛或是身体不舒服"的感知；31.9%的儿童认为会有"担忧，心事重重"的情绪；30.6%的儿童认为会有"经常不高兴、心情沉重或流泪"的情绪；47.4%的儿童认为会"在新的环境中会感到紧张，很容易失去自信"；31.0%的儿童认为会有"心中有许多恐惧"的情绪（见表4-18）。

表4-18　情绪症状因子统计结果

测量项		不符合	有点符合	完全符合	合计
我经常头痛、肚子痛或是身体不舒服	频数	3150	946	202	4298
	百分比（%）	73.3	22.0	4.7	100.0
我经常担忧，心事重重	频数	2615	1274	405	4294
	百分比（%）	60.9	29.7	9.4	100.0
我经常不高兴、心情沉重或流泪	频数	2983	1014	302	4299
	百分比（%）	69.4	23.6	7.0	100.0
我在新的环境中会感到紧张，很容易失去自信	频数	2260	1547	487	4294
	百分比（%）	52.6	36.0	11.4	100.0
我心中有许多恐惧，我很容易受惊吓	频数	2967	995	341	4303
	百分比（%）	69.0	23.1	7.9	100.0

4.4.4　品行因子描述分析

品行是儿童融入班级和学校的重要因素，良好的品行有助于其取得较高的信任。调查数据显示：38.0%的儿童会"经常非常愤怒，常发脾气"；16.1%的儿童通常不依照吩咐做事；26.6%的儿童"常与别人争执"；24.1%的儿童"经常被指责撒谎或者不老实"；11.5%的儿童"会从家里、学校或别处拿不属于自己的物件"（见表4-19）。根据数据可知，易怒、撒谎等行为在儿童中不同程度存在。

表 4 – 19　品行因子统计结果

测量项		不符合	有点符合	完全符合	合计
我经常非常愤怒，常发脾气	频数	2668	1389	243	4300
	百分比（%）	62.0	32.3	5.7	100.0
我通常依照吩咐做事	频数	691	2245	1362	4298
	百分比（%）	16.1	52.2	31.7	100.0
我常与别人争执	频数	3146	1017	125	4288
	百分比（%）	73.4	23.7	2.9	100.0
我经常被指责撒谎或者不老实	频数	3258	804	230	4292
	百分比（%）	75.9	18.7	5.4	100.0
我会从家里、学校或别处拿不属于我的物件	频数	3798	249	244	4291
	百分比（%）	88.5	5.8	5.7	100.0

4.4.5　同伴交流因子描述分析

同伴交流既可以缓解其情绪，也可以让其获得相应的支持。调查数据显示：33.9% 的儿童认为其会"经常独处，自己玩耍"；7.0% 的认为其朋友较少；24.3% 的认为年龄相仿的人不太喜欢他/她；8.1% 的认为其一般不会友善地对待比其年少的孩子；13.5% 的认为其与大人相处较不融洽（见表 4 – 20）。

表 4 – 20　同伴交流因子统计结果

测量项		不符合	有点符合	完全符合	合计
我经常独处，我通常自己玩耍	频数	2847	1109	351	4307
	百分比（%）	66.1	25.8	8.1	100.0
我有一个或几个好朋友	频数	302	694	3301	4297
	百分比（%）	7.0	16.2	76.8	100.0
一般来说，其他与我年龄相近的人都喜欢我	频数	1042	2196	1050	4288
	百分比（%）	24.3	51.2	24.5	100.0
我会友善地对待比我年少的孩子	频数	350	1476	2469	4295
	百分比（%）	8.1	34.4	57.5	100.0
我与大人相处较于同辈相处融洽	频数	580	1622	2090	4292
	百分比（%）	13.5	37.8	48.7	100.0

4.4.6 儿童长处与困难总体状况

儿童长处与困难状况根据量表计分法则，将测量项的加总分转化为各因子的区间值，分为正常、边缘和异常三种情况。调查数据显示：近六个月以来，23.4%的儿童在亲社会行为方面处于"边缘"或"异常"水平，其中13.5%的是处于"边缘"水平，9.9%的是处于"异常"水平。11.4%的儿童在多动方面处于"边缘"或"异常"水平，其中6.4%的处于"边缘"水平，5.0%的处于"异常"水平。8.0%的儿童情绪症状处于"边缘"或"异常"水平，其中3.8%的处于"边缘"，4.2%的处于"异常"。17.3%的儿童的品行因子处于"边缘"或"异常"水平，其中9.8%的处于"边缘"，7.5%的处于"异常"。40.2%的儿童在同伴交流方面处于"边缘"或"异常"水平，其中32.9%的处于"边缘"，7.3%的处于"异常"（见表4-21）。根据数据结果可知：儿童亲社会、多动、情绪、品行和同伴交流总体上是比较良好的，但是还是有部分儿童处于边缘或者异常水平，尤其在同伴交流、亲社会行为和品行因子方面存在的问题更多。儿童面临的这些问题，如不能采取治本与疏导，就容易遭受排斥，进而导致其难以融入社会，严重的还会出现极端的情绪与行为。儿童本来就是一张白纸，儿童的这些问题出现与家庭和学校的环境以及教育是息息相关的。

表4-21　儿童长处与困难各因子统计结果

		正常＝1	边缘＝2	异常＝3	合计
（1）亲社会行为因子	频数	3260	575	421	4256
	百分比（％）	76.6	13.5	9.9	100.0
（2）多动因子	频数	3716	269	209	4194
	百分比（％）	88.6	6.4	5.0	100.0
（3）情绪症状因子	频数	3903	160	177	4240
	百分比（％）	92.0	3.8	4.2	100.0
（4）品行因子	频数	3493	413	319	4225
	百分比（％）	82.7	9.8	7.5	100.0
（5）同伴交流因子	频数	2529	1394	308	4231
	百分比（％）	59.8	32.9	7.3	100.0

第 5 章 儿童虐待风险实证分析

5.1 风险因子与儿童虐待的实证分析

风险因子与儿童虐待的实证分析，运用 *IBMspss*19.0 统计软件，采取以各类型虐待加总分为因变量，以儿童情况、家庭风险因子和照顾者风险因子为自变量，建立线性回归模型进行分析（见公式 5 – 1）。

F（儿童虐待）= *f*（控制变量：性别、年龄、是否残障；自变量：儿童情况，家庭风险因子，照顾者风险因子）   公式 5 – 1

5.1.1 风险因子与躯体忽视的回归分析

各类风险因子与躯体忽视四次回归分析结果表明：一是儿童情况对躯体忽视影响显著的因素有性别、年龄和是否残障。整体回归模型的 *F* 值为 30.993，达到显著水平。R^2 与样本数量相关，样本数很少时，*R* 值必须很大才能达到显著水平；但当样本数很大时，*R* 值很小也会达到显著水平。本次调查有样本 4000 多个，属于大样本，因此，R^2 虽然只有 0.038，但是检验结果仍为高度显著。二是家庭风险因子对躯体忽视影响显著的因素有父亲文化程度、家庭经济状况、家庭成员经常争吵甚至打架、父母出走或死亡、留守儿童和居家环境六个变量，影响最大的是留守儿童。整体回归模型的 *F* 值为 64.344，达到显著水平。三是照顾者风险因子对躯体忽视显著的因素有父母或其他成员是否（是编码为 1，否编码为 2）有身心障碍、酗酒习惯、毒瘾、有自杀念头或记录、喜欢打骂、有赌博习惯和有犯罪记录七个变量，其中影响最大的因子是父母或其他成员喜欢打骂教育方式。四是合并儿童、家庭风险因子和照顾者风险因子的回归模型中，除母亲文化程度、父母离异、流动儿童和父母或其他成员有身心障碍因素不显著外，其他都通过了 10% 的显著性检验。模型的 F 值为 36.353，达到显著水平，模型拟合度较好。R^2 为 0.153，该值对于大样本数据已经是具有一定的解释力（见表 5 - 1）。

表 5 - 1　风险因子与躯体忽视的回归分析表

变量	躯体忽视的影响因素子分析							
	儿童情况		家庭风险因子		照顾者风险因子		因素合并	
	Beta 值	t 值	Beta 值	t 值	Beta 值	t 值	Beta 值	t 值
性别	-0.086***	-5.537					-0.066***	-4.417
年龄	0.103***	6.621					0.077***	5.072
是否残障	0.059***	3.824					.041**	2.726
父亲文化程度			-0.104***	-4.862			-0.098***	-4.561
母亲文化程度			-0.024	-1.151			-0.003	-0.140
家庭经济状况			0.078***	4.915			0.068***	4.165
父母离异			0.021	1.433			0.015	1.024
家庭成员经常争吵甚至打架			0.104***	6.796			0.051**	3.128
父或母死亡或出走无消息			0.069***	4.460			0.045**	2.767
流动儿童			0.016	1.071			-0.002	-0.106
留守儿童			0.183***	11.806			0.154***	9.545
居家脏、乱			0.082***	5.293			0.060***	3.838
父母或其他成员有身心障碍					0.055***	3.569	0.001	0.059
父母或其他成员有酗酒习惯					0.064***	4.131	0.029*	1.860
父母或其他成员有毒瘾					0.065***	4.098	0.036**	2.236
父母或其他成员有自杀念头或记录					0.083***	5.376	0.038**	2.385
父母或其他成员喜欢打骂					0.162***	10.605	0.101***	6.298
父母或其他成员有赌博习惯					0.068***	4.383	0.033*	2.126
父母或其他成员有犯罪记录					0.055***	3.525	0.039*	2.494
常数项	-0.764		2.078***		1.781***		-0.176	
R^2	0.038		0.127		0.087		0.153	
调整的 R^2	0.037		0.125		0.086		0.149	
F 值	30.993***		64.344***		56.876***		36.353***	

注：$^*p < 0.1$，$^{**}p < 0.01$，$^{***}p < 0.001$。

通过对回归结果分析，可以得出如下结论：一是男生（编码为 1）比女生（编码为 2）更容易遭到躯体忽视，年龄越大遭受躯体忽视的概率也越高，残障儿童更容易遭受躯体忽视。二是儿童的父亲文化程度越高其遭受躯体忽视概率越低，儿童所在家庭的经济状况越差其遭受躯体忽视概率越大，身处在家庭成员经常争吵甚至打架的儿童遭受躯体忽视概率越高，父母出走或死亡的以及留守儿童遭受躯体忽视概率大，生活在居家环境脏、乱的家庭的儿童遭受躯体忽视概率较大。三是生活在父母或家庭成员中有酗酒习惯、毒瘾、自杀念头或记录、喜欢打骂、赌博习惯和犯罪记录的儿童遭受躯体忽视概率更大。四是家庭风险因子是对儿童遭受躯体忽视影响最显著的因素。家庭风险因子对儿童躯体忽视的回归模型的 R^2 值为 0.127，合并因素模型的 R^2 值为 0.153。这说明在实务中分析儿童躯体忽视的时候应重点分析家庭风险因子，在家庭风险因子留守儿童是最容易遭受躯体忽视的。

5.1.2　风险因子与情感虐待的回归分析

各类风险因子与情感虐待四次回归分析结果表明：一是儿童情况中性别、年龄和是否残障都通过了 10% 的显著性检验，其中年龄是影响最大的。模型的 F 值为 16.348，达到显著水平。二是家庭风险因子中，母亲文化程度、家庭经济状况、父母离异、家庭成员经常争吵甚至打架、父亲或母亲死亡或出走无消息、流动儿童、留守儿童和居家脏、乱都通过了 10% 的显著性检验。模型的 F 值为 73.335，达到显著水平。三是主要照顾者有身心障碍、酗酒习惯、自杀念头或记录、喜欢打骂、赌博习惯都通过了 10% 的显著性检验。模型的 F 值为 111.128，达到显著水平。四是因素合并模型中，除父亲文化程度、母亲文化程度、父母或主要照顾者是否毒瘾、父母或主要照顾者是否有犯罪记录四个变量外，其他变量都接受了 10% 的显著性检验。模型的 F 值为 52.489，达到显著水平，这说明因素合并模型模拟度较好。R^2 为 0.207，这说明模型具有相当不错的解释力（见表 5-2）。

表 5-2　情感虐待与风险因子的回归分析表

变量	情感虐待的影响因素子分析							
	儿童情况		家庭风险因子		照顾者风险因子		因素合并	
	Beta 值	t 值	Beta 值	t 值	Beta 值	t 值	Beta 值	t 值
性别	0.027 *	1.733					0.052 ***	3.582
年龄	0.100 *	6.400					0.078 ***	5.311
是否残障	0.037 ***	2.377					0.019 *	1.304
父亲文化程度			-0.008	-0.393			0.004	0.208
母亲文化程度			-0.043 *	-2.038			-0.020	-0.961
家庭经济状况			0.074 ***	4.716			0.048 **	3.054
父母离异			0.036 *	2.431			0.026 **	1.778
家庭成员经常争吵甚至打架			0.182 *	11.991			0.066 ***	4.225
父或母死亡或出走无消息			0.101 ***	6.614			0.103 ***	6.526
流动儿童			0.061 ***	4.075			0.038 **	2.559
留守儿童			0.150 ***	9.798			0.104 ***	6.722
居家脏、乱			0.092 ***	6.040			0.058 ***	3.805
父母或其他成员有身心障碍					0.055 ***	3.739	0.015 *	1.011
父母或其他成员有酗酒习惯					0.065 ***	4.403	0.042 **	2.740
父母或其他成员有毒瘾					0.015	1.005	0.021	1.356
父母或其他成员有自杀念头或记录					0.133 ***	8.923	0.080 ***	5.212
父母或其他成员喜欢打骂					0.278 ***	19.128	0.226 ***	14.560
父母或其他成员有赌博习惯					0.078 ***	5.301	0.059 ***	3.902
父母或其他成员有犯罪记录					0.008	0.541	0.016	1.071
常数项	-1.523 ***		0.975 ***		1.162 ***		-1.708 ***	
R^2	0.012		0.141		0.176		0.207	
调整的 R^2	0.011		0.140		0.174		0.203	
F 值	16.348 ***		73.335 ***		111.128 ***		52.489 ***	

注：$^*p<0.1$，$^{**}p<0.01$，$^{***}p<0.001$。

通过对回归结果分析，可以得出如下结论：一是女童比男童更容易遭受情感虐待。年龄越大遭受情感虐待概率越大，残障儿童比正常儿童更容易遭受情感虐待。二是家庭经济状况越差越容易遭受情感虐待，离异家庭儿童遭受情感虐待概率更高，生活在家庭成员经常争吵甚至打架，父亲或母亲死亡或出走无消息、居家脏、乱的儿童更容易遭受情感虐待，流动儿童和留守儿童遭受情感虐待概率较高。三是生活在主要照顾者有身心障碍、酗酒习惯、自杀念头或记录、喜欢打骂、赌博习惯家庭的儿童更容易遭受情感虐待。四是照顾者风险因子是对儿童遭受情感虐待影响较大的因素，根据模型 R^2 可知，照顾者风险因子回归模型的 R^2 值为 0.176，因素合并回归模型的 R^2 值为 0.207。照顾者风险因子对情感虐待影响最大的。在照顾者风险因子中以父母喜欢采用打骂方式的变量影响最大。这说明在实务中，对于情感虐待的识别应重点从照顾者风险因子去识别。除此之外，留守和流动儿童遭受情感虐待概率也是比较高，实务中也应重点关注。

5.1.3　风险因子与情感忽视的回归分析

各类风险因子与情感忽视四次回归分析结果表明：一是在儿童情况回归模型中，年龄和是否残障通过了 10% 显著性检验，其中年龄是影响最大的。模型的 F 值为 17.480，达到显著水平。二是在家庭风险因子模型中，父亲文化程度、母亲文化程度、家庭经济状况、父母离异、家庭关系紧张、父或母死亡或出走无消息、留守儿童和居家环境脏、乱都通过了 10% 的显著性检验，其中家庭成员经常争吵甚至打架影响最大。模型的 F 值为 41.242，达到显著水平。三是在照顾者风险因子中，主要照顾者有身心障碍、酗酒习惯、毒瘾、自杀念头或记录、喜欢打骂、赌博习惯和犯罪记录的变量都通过了 10% 的显著性检验。模型的 F 值为 51.140，达到显著水平。四是在因素合并模型中，年龄、是否残障、父亲文化程度、母亲文化程度、家庭经济状况、父母离异、家庭成员经常争吵甚至打架、留守儿童、居家脏乱、父母喜欢打骂等变量都通过了 10% 的显著性检验。模型 F 值为 25.991，达到显著水平（见表 5 - 3）。

通过对回归结果分析，可以得出如下结论：一是家庭风险因子和照顾者风险因子模型具有较强的解释力。家庭风险因子的 R^2 值为 0.086，照顾者风险因子模型的 R^2 值为 0.080，因素合并模型的 R^2 值为 0.115。从 R^2 值变化来看，合并因素增加的解释力有限，因此对情感忽视的分析不宜采用因素合并。二是年龄越大越容易遭受情感忽视，残障儿童比正常儿童更容易遭受情感忽视。三是父亲或母亲文化程度越高，儿童遭受情感忽视概率越低；家庭经济状况越差越容易遭受情感忽视；生活在离异家庭、家庭成员经常争吵甚至打架、父或母死亡或出走无消息、居家脏乱环境中的儿童更容易遭受情感忽视；留守儿童更容易遭受情感忽视。四是生活在主要照顾者有身心障碍、酗酒习惯、毒瘾、自杀念头或记录、喜欢打骂、赌博习惯和犯罪记录的环境中的儿童更容易遭受情感忽视。

表 5 - 3　情感忽视与风险因子的回归分析表

变量	情感忽视的影响因素分析							
	儿童情况		家庭风险因子		照顾者风险因子		因素合并	
	Beta 值	t 值	Beta 值	t 值	Beta 值	t 值	Beta 值	t 值
性别	-0.016	-1.003					0.007	0.427
年龄	0.099***	6.334					0.080***	5.128
是否残障	0.051***	3.226					0.032*	2.048
父亲文化程度			-0.066**	-2.988			-0.063**	-2.860
母亲文化程度			-0.060**	-2.718			-0.041*	-1.844
家庭经济状况			0.079***	4.842			0.060***	3.556
父母离异			0.052***	3.401			0.044**	2.889
家庭成员经常争吵甚至打架			0.130***	8.247			0.075***	4.476
父或母死亡或出走无消息			0.030*	1.868			0.003	0.173
流动儿童			0.012	0.764			-0.005	-0.306
留守儿童			0.095***	5.977			0.071***	4.331
居家脏、乱			0.063***	4.002			0.035**	2.173
父母或其他成员有身心障碍					0.057***	3.721	0.022	1.345
父母或其他成员有酗酒习惯					0.046**	2.922	0.011	0.695
父母或其他成员有毒瘾					0.034*	2.151	0.021	1.279
父母或其他成员有自杀念头或记录					0.054***	3.490	0.018	1.078
父母或其他成员喜欢打骂					0.216***	14.058	0.168***	10.209
父母或其他成员有赌博习惯					0.034*	2.181	0.013	0.800
父母或其他成员有犯罪记录					0.027**	1.706	0.019	1.189
常数项	-1.716*		3.441***		1.129***		-0.854	
R^2	0.023		0.086		0.080		0.115	
调整的 R^2	0.022		0.084		0.078		0.111	
F 值	17.480***		41.242***		51.140***		25.991***	

注：$^*p < 0.1$，$^{**}p < 0.01$，$^{***}p < 0.001$。

5.1.4　风险因子与躯体虐待的回归分析

各类风险因子与躯体虐待四次回归分析结果表明：一是儿童情况模型中性别和是否残障通过 10% 显著性检验。模型的 F 值为 15.250，达到显著性水平。二是家庭风险因子模型中父亲文化程度、家庭经济状况、父母离异、家庭成员经常争吵甚至打架、父或母死亡或出走无消息、留守儿童和流动儿童七个变量都通过 10% 显著性检验。模型的 F 值为 60.532，达到显著性水平。三是照顾者风险因子模型中，主要照顾者有身心障碍、酗酒习惯、毒瘾、自杀念头或记录、喜欢打骂和犯罪记录六个变量都通过 10% 显著性检验。模型的 F 值为 106.18，达到显著性水平。四是因素合并模型中，性别、是否残障、家庭成员经常争吵甚至打架、父或母死亡或出走无消息、留守儿童、流动儿童和主要照顾者是否有身心障碍、毒瘾、自杀念头或记录、喜欢打骂和犯罪记录的 11 个变量都通过了 10% 显著性检验。模型的 F 值为 48.657，达到显著性水平。模型的 R^2 值为 0.194，具有较好的解释力（见表 6 - 4）。

通过对回归结果分析，可以得出如下结论：一是男童比女童更容易遭受躯体虐待，残障儿童遭受躯体虐待概率更高。二是生活在家庭成员经常争吵甚至打架、父或母死亡或出走无消息的环境中的儿童更容易遭受躯体虐待。流动儿童和留守儿童遭受躯体虐待的概率更高。三是生活在父母或家庭成员中有身心障碍、毒瘾、自杀念头或记录、喜欢打骂和犯罪记录的环境中的儿童更容易遭受躯体虐待。四是照顾者风险因子是对躯体虐待影响最大的因素。照顾者风险因子模型的 R^2 值为 0.150，整体模型的 R^2 值为 0.194。这说明照顾者风险因子是对躯体虐待影响最大的，其中尤以父母或其他成员喜欢打骂的变量影响最为显著。体罚式的教育方式，如果超过一定的程度，就很容易对儿童形成躯体虐待。五是家庭风险因子模型中，家庭成员经常争吵甚至打架是对躯体虐待影响最大的变量。这说明，家庭成员之间经常发生暴力与家庭成员对儿童暴力是比较紧密相关的。

表 5 – 4　躯体虐待与风险因子的回归分析表

变量	躯体忽视的影响因素子分析							
	儿童情况		家庭风险因子		照顾者风险因子		因素合并	
	Beta 值	t 值	Beta 值	t 值	Beta 值	t 值	Beta 值	t 值
性别	-0.080***	-5.147					-0.058***	-3.987
年龄	0.011	0.679					0.001	0.081
是否残障	0.064***	4.141					0.050***	3.444
父亲文化程度			-0.052*	-2.439			-0.024	-1.163
母亲文化程度			0.032	1.481			0.036	1.734
家庭经济状况			0.031*	1.935			0.017	1.064
父母离异			0.029*	1.967			0.021	1.472
家庭成员经常争吵甚至打架			0.196***	12.768			0.108***	6.798
父或母死亡或出走无消息			0.093***	6.045			0.051***	3.254
流动儿童			0.057***	3.782			0.034**	2.323
留守儿童			0.160***	10.348			0.103***	6.617
居家脏、乱			0.024	1.553			-0.004	-0.290
父母或其他成员有身心障碍					0.052***	3.538	0.037*	2.456
父母或其他成员有酗酒习惯					0.035*	2.380	0.011	0.693
父母或其他成员有毒瘾					0.066***	4.353	0.058***	3.773
父母或其他成员有自杀念头或记录					0.149***	10.046	0.102***	6.576
父母或其他成员喜欢打骂					0.273***	18.657	0.230***	14.766
父母或其他成员有赌博习惯					0.016	1.091	0.005	0.361
父母或其他成员有犯罪记录					0.065***	4.345	0.057***	3.725
常数项	0.089		0.493**		0.497***		-0.187***	
R^2	0.011		0.119		0.150		0.194	
调整的 R^2	0.010		0.117		0.149		0.190	
F 值	15.250***		60.532***		106.18***		48.657***	

注:$^*p<0.1$,$^{**}p<0.01$,$^{***}p<0.001$。

5.1.5　风险因子与性虐待的回归分析

各类风险因子与性虐待四次回归分析结果表明:一是儿童情况模型中,性别、年龄和是否残障均通过了10%显著性检验。模型的 F 值为21.077,达到显著水平。二是家庭风险因子模型中父亲文化程度、家庭经济状况、跟继父或父母男同事居住、家庭成员经常争吵甚至打架、父或母死亡或出走无消息、留守儿童和流动儿童7个变量通过了10%显著性检验。模型的 F 值为

27.701，达到显著性水平。三是照顾者风险因子中，父母或其他家庭成员有身心障碍、酗酒习惯、毒瘾、自杀念头或记录、喜欢打骂和犯罪记录 6 个变量通过了 10% 显著性检验。模型的 F 值为 54.037，达到显著性水平。四是因素合并模型中，性别、年龄、是否残障、父亲文化程度、家庭经济状况、跟继父或父母男同事一起居住等 14 个变量都通过了 10% 的显著性检验。模型的 F 值为 21.349，达到显著性水平，具有较好的拟合度。模型的 R^2 值 0.110，具有较好的解释力（见表 5 - 5）。

表 5 - 5　性虐待与风险因子的回归分析表

变量	性虐待的影响因子分析							
	儿童情况		家庭风险因子		照顾者风险因子		因素合并	
	Beta 值	t 值	Beta 值	t 值	Beta 值	t 值	Beta 值	t 值
性别	- 0.056 ***	- 3.594					- 0.044 **	- 2.834
年龄	0.028 *	1.773					0.028 **	1.760
是否残障	0.105 ***	6.722					0.094 *	6.054
父亲文化程度			- 0.053 *	- 2.384			- 0.045 *	- 2.049
母亲文化程度			0.005	0.241			0.018	0.822
家庭经济状况			- 0.060 ***	- 3.617			- 0.060 ***	- 3.553
跟继父或父母男同事居住			0.041 *	2.474			0.028 *	1.700
跟继母或父母女同事居住			- 0.025	- 1.480			- 0.021	- 1.250
家庭成员经常争吵甚至打架			0.079 **	5.007			0.026 *	1.557
父或母死亡或出走无消息			0.131 ***	8.243			0.105 ***	6.331
流动儿童			0.057 ***	3.703			0.041 ***	2.617
留守儿童			0.118 ***	7.432			0.087 ***	5.316
居家脏、乱			0.023	1.424			0.001	0.065
父母或其他成员有身心障碍					0.033 *	2.187	0.026	1.605
父母或其他成员有酗酒习惯					0.037 *	2.376	0.016	1.008
父母或其他成员有毒瘾					0.115 ***	7.265	0.078 ***	4.774
父母或其他成员有自杀念头或记录					0.145 ***	9.368	0.086 ***	5.235
父母或其他成员喜欢打骂					0.075 ***	4.889	0.042 **	2.521
父母或其他成员有赌博习惯					0.022	1.444	0.000	0.004
父母或其他成员有犯罪记录					0.083 ***	5.364	0.055 ***	3.396
常数项	- 1.148 ***		0.969 ***		0.354 ***		- 0.687 *	
R^2	0.015		0.065		0.083		0.110	
调整的 R^2	0.015		0.062		0.082		0.105	
F 值	21.077 ***		27.701 ***		54.037 ***		21.349 ***	

注：* $p < 0.1$，** $p < 0.01$，*** $p < 0.001$。

通过对回归结果分析，可以得出如下结论：一是男童比女童更容易遭受性虐待，年龄越大越容易遭受性虐待，残障儿童更容易遭受性虐待。男童比女童更容易遭受性虐待的结论虽然与经验共识是相反的，但是该结论与香港护苗基金对大陆 17 所中学 5055 位学生，以及瑞银慈善基金对大陆和香港30607 名未成年人及家长以及一些学者调查基本上是一致①。二是父亲文化程度越高，儿童遭受性虐待概率越低；跟继父或父母男同事居住的儿童遭受性虐待概率更大；家庭经济状况越差儿童遭受性虐待概率越大；生活在家庭成员经常争吵甚至打架、父或母死亡或出走无消息的环境中儿童遭受性虐待概率更高；留守儿童和流动儿童遭受性虐待概率更大。三是生活在父母或家庭成员有毒瘾、自杀念头或记录、喜欢打骂、家庭成员有犯罪记录的环境中的儿童更容易遭受性虐待。四是父母死亡或出走无消息、父母或家庭成员有自杀倾向、父母或家庭成员有毒瘾是对性虐待影响最大的三个因素。这说明父母的角色缺失或缺位会增加儿童遭受性虐待的风险。

5.2　风险程度与儿童虐待的实证分析

风险因子对儿童虐待程度基本上都达到了显著性水平。为进一步证明风险因子与儿童虐待之间的相关关系，本部分将分析风险程度与儿童虐待程度的关系。每部分的分析将分别从两个方面进行分析：一方面分析儿童风险程度与儿童虐待程度之间的相关关系，将运用 IBMspss19.0 统计软件，采取以各类型儿童虐待程度为因变量，以风险程度自变量，以年龄、性别和户口为控制变量，建立线性回归模型进行分析（见公式 5 – 2）。

F（儿童虐待程度）$=f$（控制变量：性别、年龄、户口；自变量：风险程度）

公式 5 – 2

另一方面对儿童风险程度对儿童虐待程度影响系数的置信区间进行估计，区间估计技术采用准确率较高的贝叶斯区间估计技术。贝叶斯区间估计是利用贝叶斯统计推断方法，给出正态总体未知数参数的期望值的后验置信概率 $1 - \alpha$ 的区间估计。

---

① 王进鑫，程静. 未成年人性侵害现状与对策——基于四川省 6 ~ 12 岁儿童抽样调查 [J]. 青年研究，2014（2）：24 – 31.

5.2.1　风险程度与躯体忽视程度的实证分析

风险程度与躯体忽视的回归模型中的 F 值为 126.013，接受 0.1% 的显著性检验，达到高度显著水平，这说明模型的拟合度比较好。R^2 值为 0.116，对于大样本量的数据分析而言，该值表示模型具有较好的解释力。性别、年龄、户口和风险指数四个变量都通过了 10% 的显著性检验。回归分析结果表明：男童比女童更容易遭受躯体忽视，年龄越大越容易遭受躯体忽视，农村儿童比城市儿童更容易遭受躯体忽视。儿童所面临的家庭风险和照顾者风险越大，儿童遭受躯体忽视概率就越高（见表 5-6）。

表 5-6　风险程度与躯体忽视回归分析表

变量	非标准化系数		标准化系数	t 值	$Sig.$ 值
	Beta 值	标准误差	Beta 值		
常数	0.479	0.396		1.210	0.226
性别（1=男，2=女）	-0.340	0.077	-0.068***	-4.435	0.000
年龄	0.173	0.028	0.095***	6.238	0.000
户口（1=农村，2=城市）	-0.314	0.079	-0.062***	-3.988	0.000
风险指数	0.645	0.035	0.288***	18.477	0.000
R^2	0.116		调整的 R^2	0.115	
F 值	126.013***				

注：* $p<0.1$，** $p<0.01$，*** $p<0.001$。

为进一步验证参数的准确性，除利用回归分析中的极大似然估计之外，本书还利用 AMOS 中的贝叶斯估计技术，对风险程度与躯体忽视回归模型中的参数进行估计。估计结果显示：利用贝叶斯估计与回归方程的极大似然估计得出的参数基本是一致，风险指数对躯体忽视影响系数为 0.676（与回归模型中的 0.645 比较接近），95% 的置信区间为 [0.610，0.740]，这说明风险指数对躯体忽视程度影响非常显著（见表 5-7）。

表 5-7　风险程度与躯体忽视模型中部分参数的贝叶斯估计

变量	均值	S.E. 值	S.D. 值	C.S. 值	95% 置信区间	
躯体忽视——性别	-0.338	0.001	0.073	1.000	-0.483	-0.195
躯体忽视——年龄	0.147	0.000	0.026	1.000	0.095	0.198
躯体忽视——户口	-0.324	0.001	0.078	1.000	-0.479	-0.172
躯体忽视——风险指数	0.676	0.001	0.033	1.000	0.610	0.740

5.2.2　风险程度与情感虐待程度的实证分析

风险程度与情感虐待的回归模型中的 F 值为 199.612，接受 0.1% 的显著性检验，达到高度显著水平，这说明模型的拟合度比较好。R^2 值为 0.172，对于大样本量的数据分析而言，该值表示模型具有较好的解释力。性别、年龄、户口和风险指数四个变量都通过了 10% 的显著性检验。回归分析结果表明：女童比男童更容易遭受情感虐待，年龄越大越容易遭受情感虐待，城市儿童比农村儿童更容易遭受情感虐待。儿童所在的环境的风险程度越高，其遭受的情感虐待的概率就越高，风险指数每增加 1 单位，情感虐待程度就增加 0.407 单位（见表 5－8）。

表 5－8　风险程度与情感虐待回归分析表

变量	非标准化系数		标准化系数	t 值	Sig. 值
	Beta 值	标准误差	Beta 值		
常数	－1.364***	0.376		－3.626	0.000
性别（1＝男，2＝女）	0.193	0.073	0.039**	2.646	0.008
年龄	0.151	0.026	0.085***	5.749	0.000
户口（1＝农村，2＝城市）	0.146	0.075	0.029*	1.949	0.051
风险指数	0.894	0.033	0.407***	26.976	0.000
R^2	0.172		调整的 R^2	0.171	
F 值	199.612***				

注：$^* p < 0.1$，$^{**} p < 0.01$，$^{***} p < 0.001$。

为进一步验证参数的准确性，除利用回归分析中的极大似然估计之外，本书还利用 AMOS 中的贝叶斯估计技术，对风险程度与情感虐待回归模型中的参数进行估计。估计结果显示：利用贝叶斯估计与回归方程的极大似然估计得出的参数基本是一致，风险指数对躯体忽视影响系数为 0.907（与回归模型中的 0.894 比较接近），95% 的置信区间为 [0.846，0.969]，这说明风险指数对情感虐待程度影响非常显著（见表 5－9）。

表 5－9　风险程度与情感虐待模型中部分参数的贝叶斯估计

变量	均值	S.E. 值	S.D. 值	C.S. 值	95% 置信区间	
情感虐待——性别	0.242	0.000	0.070	1.000	0.104	0.379
情感虐待——年龄	0.144	0.000	0.025	1.000	0.095	0.193
情感虐待——户口	0.147	0.000	0.074	1.000	0.002	0.292
情感虐待——风险指数	0.907	0.000	0.031	1.000	0.846	0.969

5.2.3　风险程度与躯体虐待程度的实证分析

风险程度与躯体虐待的回归模型中的 F 值为 141.766，接受 0.1% 的显著性检验，达到高度显著水平，这说明模型的拟合度比较好。R^2 值为 0.128，对于大样本量的数据分析而言，该值表示模型具有较好的解释力。回归分析结果表明：男童比女童更容易遭受躯体虐待，城市儿童比农村儿童更容易遭受躯体虐待。儿童所在环境的风险程度越高，儿童遭受躯体虐待概率越高。风险程度每增加 1 单位，儿童遭受躯体虐待程度就增加 0.355 单位（见表 5 – 10）。

表 5 – 10　风险程度与躯体虐待回归分析表

变量	非标准化系数		标准化系数	t 值	Sig. 值
	Beta 值	标准误差	Beta 值		
常数	0.457	0.304		1.504	0.133
性别（1 = 男，2 = 女）	− 0.254	0.059	− 0.065 ***	− 4.319	0.000
年龄	0.005	0.021	0.004	.250	0.802
户口（1 = 农村，2 = 城市）	0.168	0.060	0.043 **	2.779	0.005
风险指数	0.618	0.027	0.355 ***	23.049	0.000
R^2	0.128		调整的 R^2	0.127	
F 值	141.766 ***				

注：$^* p < 0.1$，$^{**} p < 0.01$，$^{***} p < 0.001$。

为进一步验证参数的准确性，除利用回归分析中的极大似然估计之外，本书还利用 AMOS 中的贝叶斯估计技术，对风险程度与躯体虐待回归模型中的参数进行估计。估计结果显示：利用贝叶斯估计与回归方程的极大似然估计得出的参数基本是一致，风险指数对躯体忽视影响系数为 0.636（与回归模型中的 0.618 比较接近），95% 的置信区间为 ［0.586，0.687］，这说明风险指数对躯体虐待程度影响非常显著（见表 5 – 11）。

表 5 – 11　风险程度与躯体虐待模型中部分参数的贝叶斯估计

变量	均值	S. E. 值	S. D. 值	C. S. 值	95% 置信区间	
躯体虐待←性别	− 0.264	0.002	0.056	1.001	− 0.373	− 0.153
躯体虐待←年龄	− 0.006	0.001	0.020	1.001	− 0.045	0.035
躯体虐待←户口	0.156	0.002	0.062	1.001	0.036	0.276
躯体虐待←风险指数	0.636	0.001	0.026	1.001	0.586	0.687

5.2.4　风险程度与性虐待程度的实证分析

风险程度与性虐待的回归模型中的 F 值为71.607，接受0.1%的显著性检验，达到高度显著水平，这说明模型的拟合度比较好。R^2 值为0.069，对于大样本量的数据分析而言，该值表示模型具有一定的解释力。回归分析结果表明：男童比女童更容易遭受性虐待，年龄和户口不显著。儿童所在环境的风险程度越高，儿童遭受性虐待概率越高。风险程度每增加1单位，儿童遭受性虐待程度就增加0.258单位（见表5-12）。

表5-12　风险程度与性虐待回归分析表

变量	非标准化系数		标准化系数	t 值	Sig. 值
	Beta 值	标准误差	Beta 值		
常数	0.168	0.296		0.567	0.571
性别（1=男，2=女）	-0.188	0.057	-0.051***	-3.287	0.001
年龄	0.020	0.021	0.015	0.971	0.332
户口（1=农村，2=城市）	0.075	0.059	0.020	1.269	0.204
风险指数	0.424	0.026	0.258***	16.158	0.000
R^2	0.069		调整的 R^2	0.068	
F 值	71.607***				

注：* $p<0.1$，** $p<0.01$，*** $p<0.001$。

为进一步验证参数的准确性，除利用回归分析中的极大似然估计之外，本书还利用 AMOS 中的贝叶斯估计技术，对风险程度与性虐待回归模型中的参数进行估计。估计结果显示：利用贝叶斯估计与回归方程的极大似然估计得出的参数基本是一致，风险指数对性虐待影响系数为0.422（与回归模型中的0.424比较接近），95%的置信区间为［0.373，0.470］，这说明风险指数对性虐待程度影响也是比较显著的（见表5-13）。

表5-13　风险程度与性虐待模型中部分参数的贝叶斯估计

变量	均值	S. E. 值	S. D. 值	C. S. 值	95%置信区间	
性虐待←性别	-0.181	0.002	0.055	1.001	-0.291	-0.076
性虐待←年龄	0.013	0.001	0.020	1.000	-0.025	0.052
性虐待←户口	0.077	0.002	0.057	1.001	-0.037	0.190
性虐待←风险指数	0.422	0.001	0.025	1.001	0.373	0.470

5.2.5　风险程度与情感忽视程度的实证分析

风险程度与情感忽视的回归模型中的 F 值为 87.073，接受 0.1% 的显著性检验，达到高度显著水平，这说明模型的拟合度比较好。R^2 值为 0.084，对于大样本量的数据分析而言，该值表示模型具有一定的解释力。回归分析结果表明：年龄越大越容易遭到情感忽视，农村比城市更容易遭受情感忽视。儿童所处环境的风险程度越高，儿童遭受情感忽视的概率越大。风险程度每增加 1 单位，儿童遭受情感忽视程度就增加 0.254 单位（见表 5－14）。

表 5－14　风险程度与情感忽视回归分析表

变量	非标准化系数		标准化系数	t 值	Sig. 值
	Beta 值	标准误差	Beta 值		
常数	－ 0.034	0.668		－ 0.051	0.959
性别（1＝男，2＝女）	0.050	0.129	0.006	0.386	0.699
年龄	0.273	0.047	0.091***	5.846	0.000
户口（1＝农村，2＝城市）	－ 0.393	0.133	－ 0.047**	－ 2.966	0.003
风险指数	0.931	0.058	0.254***	15.928	0.000
R^2	0.084		调整的 R^2	0.083	
F 值	87.073***				

注：*$p < 0.1$，**$p < 0.01$，***$p < 0.001$。

为进一步验证参数的准确性，除利用回归分析中的极大似然估计之外，本书还利用 AMOS 中的贝叶斯估计技术，对风险程度与情感忽视回归模型中的参数进行估计。估计结果显示：利用贝叶斯估计与回归方程的极大似然估计得出的参数基本是一致，风险指数对性虐待影响系数为 0.965（与回归模型中的 0.931 比较接近），95% 的置信区间为 [0.858，1.076]，这说明风险指数对情感忽视程度影响也是比较显著的（见表 5－15）。

表 5－15　风险程度与情感忽视模型中部分参数的贝叶斯估计

变量	均值	S.E. 值	S.D. 值	C.S. 值	95% 置信区间	
情感忽视←性别	－ 0.004	0.004	0.126	1.000	－ 0.251	0.248
情感忽视←年龄	0.245	0.001	0.044	1.000	0.160	0.331
情感忽视←户口	－ 0.445	0.004	0.135	1.001	－ 0.707	－ 0.176
情感忽视←风险指数	0.965	0.001	0.055	1.000	0.858	1.076

5.3   儿童虐待与儿童行为的实证分析

儿童虐待类型之间存在一定的相关性。由于 *SPSS* 软件中的回归分析是建立在变量之间的相互独立的假设上，这就会影响结果的科学性。而在 *AMOS* 中的回归技术中，回归技术会将相关系数纳入回归系数中。例如，利用 *AMOS* 中的回归技术对因变量为 Y_1，自变量为 X_1、X_2 的方程进行回归（见图 5−1），回归系数 b_1 的计算为公式 5−3。从公式 5−3 的计算可知，回归系数 b_1 考虑到了 X_1、X_2 的相关系数 r_{12}。鉴于儿童虐待类型之间存在一定的相关性，在回归中需要把相应的相关系数纳入估计，而 *AMOS* 软件进行分析具有这方面的优势。因此，在分析儿童虐待与儿童行为的关系时，本书将利用 *AMOS* 软件进行分析，以保证回归系数的科学性。

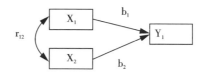

图 5−1   *AMOS* 回归简图

$$b_1 = (r_{b_1} - r_{b_1}r_{12}) / \sqrt{(1 - r_{b_2}^2)(1 - r_{12}^2)} \qquad 公式\ 5-3$$

5.3.1   儿童虐待与情绪症状因子的回归分析

儿童虐待与情绪症状因子的关系模型为运用 *AMOS* 分析技术，以情绪症状为因变量，以儿童虐待类型为自变量进行回归分析。回归分析结果表明：模型通过检验，拟合度较好。对情绪症状影响显著的有情感虐待与情感忽视，躯体虐待、性虐待和躯体忽视没有通过 10% 的显著性检验，其中影响最大的是情感虐待因子（见表 5−16）。

从回归结果可知：家庭或主要照顾者对儿童的情感虐待或忽视，会使儿童容易在情绪方面表现出现紧张、恐惧、心情沉重等情绪，情感虐待影响作用更为突出。这说明受到父母或主要照顾者的辱骂、羞辱等言语上的伤害或者采取对儿童情感不予关注的忽视行为将导致儿童在情绪方面表现出不同程度的偏差，其中尤以侮辱的言语对儿童的情绪伤害最大（见表 5−16）。这与已有研究结果比较一致，儿童期情感虐待和忽视与大学生外向乐观、开朗合群、情绪稳定等积极个性特征呈负相关，而与其多疑刚愎、抑郁自扰、对环境的适应能力不足等消极个性特征呈正相关①。儿童虐待可导致儿童的躯体伤残，生长发育滞后；长期反复受虐可能出现行为情绪问题及其他精神病理问题②。

表 5 – 16　情绪症状与儿童虐待类型的回归系数表

变量	标准化系数	S. E. 值	C. R. 值	P 值
情绪症状←——情感虐待	0. 236***	0. 003	11. 937	0. 000
情绪症状←——躯体虐待	0. 014	0. 004	0. 723	0. 470
情绪症状←——性虐待	– 0. 007	0. 004	– 0. 383	0. 702
情绪症状←——情感忽视	0. 039*	0. 002	1. 936	0. 053
情绪症状←——躯体忽视	0. 012	0. 003	0. 600	0. 549

注:* $p < 0.1$,** $p < 0.01$,*** $p < 0.001$ 。

5.3.2　儿童虐待与多动因子的回归分析

儿童虐待与多动因子的关系模型为运用 *AMOS* 分析技术，以多动因子为因变量，以儿童虐待类型为自变量进行回归分析。回归分析结果表明，模型通过检验，拟合度较好。对多动因子影响显著的有情感虐待、情感忽视、躯体虐待、性虐待和躯体忽视，回归系数均通过 10% 的显著性检验，其中影响最大的是情感虐待因子（见表 5 – 17）。

从回归结果可知：父母或主要照顾者对儿童的情感虐待、情感忽视和躯体忽视，会导致儿童容易在生活或学习中出现多动或注意力不集中的现象，而情感虐待影响最大。在家里被情感或身体忽视，以及受到言语辱骂的儿童，为获得周围的注意力，容易使自己在学校或者在家里的表现处在多动的边缘或异常水平。躯体虐待和性虐待虽然通过了 10% 的显著性，但是相关系数为负数，这说明遭受躯体虐待和性虐待的儿童在多动方面表现出来一定的抗逆力（见表 5 – 17）。

①　廖英，邓云龙，潘辰. 大学生儿童期心理虐待经历与个性特征的关系 [J]. 中国临床心理学杂志，2007，15（6）：647 – 649.

②　柳娜，张亚林. 儿童虐待与人格障碍 [J]. 中国临床心理学杂志，2009，17（6）：726 – 728.

表 5 - 17　多动因子与儿童虐待类型的回归系数表

变量	标准化系数	S. E. 值	C. R. 值	P 值
多动←——情感虐待	0. 179***	0. 004	8. 924	0. 000
多动←——躯体虐待	− 0. 035*	0. 005	− 1. 758	0. 079
多动←——性虐待	− 0. 058***	0. 005	− 3. 374	0. 000
多动←——情感忽视	0. 090***	0. 002	4. 453	0. 000
多动←——躯体忽视	0. 057*	0. 004	2. 813	0. 005

注: $^*p < 0.1$, $^{**}p < 0.01$, $^{***}p < 0.001$。

5.3.3　儿童虐待与品行因子的回归分析

儿童虐待与品行因子的关系模型为运用 *AMOS* 分析技术，以品行因子为因变量，以儿童虐待类型为自变量进行回归分析。回归分析结果表明：模型通过检验，拟合度较好。对多动因子显著的有情感虐待、情感忽视、躯体虐待、性虐待和躯体忽视，回归系数均通过 10% 的显著性检验，其中影响最大的是情感虐待因子（见表 5 - 18）。

从回归结果可知：父母或主要照顾者对儿童的情感虐待、躯体虐待、性虐待、情感忽视，会导致儿童的品行在生活或学习中容易出现偏差。父母或主要照顾者对儿童的言语辱骂、身体虐待、性方面侵犯、情感方面的忽视，会增加儿童在品行方面出现易怒、叛逆、冲动、撒谎、偷摸等偏差行为的概率。虐待会让儿童产生无助感，为缓解压力，遭受儿童虐待者倾向于采取打架、甚至吸毒等冒险的方式[1]。儿童虐待对儿童品行是影响最为突出的，情感虐待程度增加 1 个单位，品行处于边缘或异常水平的分值就增加 0.136 单位；躯体虐待程度增加 1 个单位，品行处于边缘或异常水平的分值就增加 0.076 单位；性虐待程度增加 1 个单位，品行处于边缘或异常水平的分值就增加 0.038 单位；情感忽视程度增加 1 个单位，品行处于边缘或异常水平的分值就增加 0.052 单位（见表 5 - 18）。这说明遭受虐待的儿童在品行方面会出现不同程度的偏差，而且虐待程度越高，其品行的偏差概率也就越大。

---

[1]　陆凤英，汤永隆，曹梦露，等 . 儿童虐待与戒毒动机：自我概念的中介效应 [J]. 心理发展与教育，2014，30（5）：527 - 532.

表 5 - 18　品行与儿童虐待类型的回归系数表

变量	标准化系数	S. E. 值	C. R. 值	P 值
品行←情感虐待	0. 136 ***	0. 005	6. 864	0. 000
品行←躯体虐待	0. 076 ***	0. 006	3. 929	0. 000
品行←性虐待	0. 038 *	0. 005	2. 201	0. 028
品行←情感忽视	0. 052 **	0. 003	2. 612	0. 009
品行←躯体忽视	0. 026	0. 005	1. 272	0. 203

注：$^*p < 0.1$，$^{**}p < 0.01$，$^{***}p < 0.001$。

5.3.4　儿童虐待与同伴交流因子的回归分析

儿童虐待与同伴交流因子的关系模型为运用 AMOS 分析技术，以同伴交流因子为因变量，以儿童虐待类型为自变量进行回归分析。回归分析结果表明：模型通过检验，拟合度较好。对多动因子显著的有情感虐待、情感忽视、躯体虐待和躯体忽视，回归系数均通过 10% 的显著性检验，其中影响最大的是躯体忽视因子（见表 5 - 19）。

从回归结果可知：父母或主要照顾者对儿童的情感虐待、躯体虐待、情感忽视和躯体忽视，会增加儿童在同伴交流方面出现隔离与封闭的概率。儿童遭受虐待之后，一方面会导致其自身对周围人的不信任，产生自我隔离倾向；另一方面其身体或行为方面的异常又可能使其被贴上相应的标签，出现社会隔离倾向。在自我和社会双重隔离之下，遭受情感和躯体虐待或忽视的儿童，尤其是程度是比较严重的，在同伴交流方面就容易出现偏差行为（见表 5 - 19）。

表 5 - 19　同伴交流与儿童虐待类型的回归系数表

变量	标准化系数	S. E. 值	C. R. 值	P 值
同伴交流←情感虐待	0. 079 ***	0. 005	3. 925	0. 000
同伴交流←躯体虐待	0. 063 **	0. 006	3. 190	0. 001
同伴交流←性虐待	0. 019	0. 006	1. 106	0. 269
同伴交流←情感忽视	0. 039 *	0. 003	1. 933	0. 053
同伴交流←躯体忽视	0. 092 ***	0. 005	4. 512	0. 000

注：$^*p < 0.1$，$^{**}p < 0.01$，$^{***}p < 0.001$。

5.3.5　儿童虐待与亲社会行为因子的回归分析

儿童虐待与亲社会行为因子的关系模型为运用 AMOS 分析技术，以亲社会行为因子为因变量，以儿童虐待类型为自变量进行回归分析。回归分析结果表明：模型通过检验，拟合度较好。对多动因子显著的有性虐待、情感忽视和躯体忽视，回归系数均通过 10% 的显著性检验，其中影响最大的是情感忽视因子（见表 5 - 20）。

回归结果表明：父母或主要照顾者对儿童的性虐待、情感忽视和躯体忽视，会增加儿童在亲社会行为方面出现边缘或异常水平的概率。遭受性侵犯的儿童，其对周围的不信任感会剧增，进而导致儿童在分享、互助等亲社会行为方面出现偏差。父母或主要照顾者对其身体和情感的漠视，会导致其形成了以自我为中心的信念和价值，进而导致其对周围人所遇到的困难的漠视。父母和主要照顾者是儿童成长的最好的老师，其各种行为会通过不同的方式传递给其所照顾的儿童，儿童在社会化过程中会有意识或无意识地学习其父母或主要照顾的行为（见表 5 - 20）。

表 5 - 20　亲社会行为与儿童虐待类型的回归系数表

变量	标准化系数	S. E. 值	C. R. 值	P 值
亲社会行为←──情感虐待	- 0.020	0.005	- 1.044	0.297
亲社会行为←──躯体虐待	- 0.012	0.006	- 0.611	0.541
亲社会行为←──性虐待	0.057***	0.006	3.382	0.000
亲社会行为←──情感忽视	0.206***	0.003	10.471	0.000
亲社会行为←──躯体忽视	0.120***	0.005	6.065	0.000

注：$^{*}p < 0.1$，$^{**}p < 0.01$，$^{***}p < 0.001$。

5.3.6　风险指数、儿童虐待与儿童长处与困难的路径分析

以风险指数、儿童虐待和儿童长处与困难三个变量建立因果关系的路径分析模型。模型通过显著性检验，拟合度较好（见表 5 - 21）。

回归分析结果表明：风险指数对儿童虐待总体和儿童长处与困难以及儿童虐待总体对儿童长处与困难都通过 0.01% 的显著性检验，达到高度显著水平。这说明儿童所处的环境的风险指数提高会增加儿童遭受虐待的概率，也会提高儿童长处与困难出现边缘或者异常水平的概率（见表 5 - 21）。儿童虐

待总体对儿童长处与困难也通过了0.01%的显著性检验。这说明儿童遭受虐待程度越高，其在行为方面出现偏差的概率越大。

表 5 - 21　险指数、儿童虐待总体与儿童长处与困难的路径系数

变量	标准化系数	S. E. 值	C. R. 值	P 值
儿童虐待总体←──风险指数	0.435***	0.114	31.572	0.000
儿童长处与困难←──风险指数	0.120***	0.012	7.082	0.000
儿童长处与困难←──儿童虐待总体	0.204***	0.001	12.050	0.000

注：$^*p<0.1$，$^{**}p<0.01$，$^{***}p<0.001$。

风险指数对儿童长处与困难的影响主要通过两条路径：一是直接效果。儿童家庭所处的风险指数越高，儿童行为方面出现偏差的概率也越大。二是间接效果。儿童家庭所处的风险指数越高，儿童遭受虐待概率也越大，而遭受虐待的儿童在行为方面极容易出现偏差（见表 5 - 22）。从总效果来看，风险指数对儿童虐待总体影响是最大的，回归系数达到0.435。这说明风险指数显著地增加了儿童遭受虐待的概率。

表 5 - 22　风险指数、儿童虐待总体与儿童长处与困难的效果系数

	因变量	风险指数	儿童虐待总体
总效果	儿童虐待总体	0.435	0.000
	儿童长处与困难	0.209	0.204
直接效果	儿童虐待总体	0.435	0.000
	儿童长处与困难	0.120	0.204
间接效果	儿童虐待总体	0.000	0.000
	儿童长处与困难	0.089	0.000

5.4　风险因子预测准确率分析

风险因子预测值与观察值之间的交叉关系成为检验风险因子矩阵的预测准确率的关键指标。考虑到五种虐待类型都存在程度的差异，各虐待类型的测量子指标加总得分被划分为三个档次：轻度风险（0 分），中度风险（1 ~ 7 分），高风险（8 分以上）。风险因子预测准确率由三个指标测量：（1）准确

率指标。该指标等于预测值与观测值一致的样本数量除以总样本量。（2）虚假正向结果概率。虚假正向即将高风险案例误识别为低风险。该指标的计算公式为预测值为低风险而观测值为高风险的样本量除以观测值为高风险的样本数量。（3）虚假负向结果概率。虚假负向结果即将低风险样本识别为高风险。该指标的计算公式为预测值为高风险而观测值为低风险的样本量除以观测值为低风险的样本数量。风险因子预测值计算方式为：以通过显著性检验的因子为自变量，以五类虐待等级（轻度、中度、高度）为因变量，运用有序多元分类 Logistic 回归技术，得出相应的预测值。以虐待类型为因变量建立起的有序多元分类 Logistic 模型均通过了相关检验，模型拟合程度较好。

虐待类型的预测值与观测值之间的分析结果表明：一是准确率总体上超过 50%。通过现有风险因子矩阵对虐待类型预测准确率可以达到 50% 以上，尤其是对于性虐待（85.8%）和躯体虐待（75.7%）的识别率较高。二是虚假负向结果概率低于 2%。现有风险因子矩阵虚假负向结果概率比较低。三是虚假正向结果概率较低。虽然情感虐待和躯体忽视的虚假正向结果概率偏高，但是情感忽视、躯体虐待和性虐待的虚假正向结果概率都保持在 10.1% 及以下（见表 5 – 23）。

表 5 – 23   风险因子预测准确率

预测类型	准确率	虚假正向结果概率	虚假负向结果概率
情感忽视	58.6%	8.9%	0.0%
情感虐待	57.9%	31.5%	0.1%
躯体忽视	54.3%	14.4%	0.1%
躯体虐待	75.7%	8.0%	1.3%
性虐待	85.8%	10.1%	1.6%

第 6 章 儿童虐待的累积效应分析

6.1 问题背景

2018 年在湖南益阳和衡阳两地发生两起让人触目惊心的"弑母案"。案件中两位施暴儿童共同特质是童年期都遭受了不良经历。

益阳案件中的吴某，12 岁，留守儿童，由祖父母抚育，父母长年在外务工，母亲是因为生二胎才回家。父母偶尔回家，教育子女方式以打骂为主。案发时因不服母亲管教，与母亲发生口角。

衡阳案件中的罗某，13 岁，母亲和姐姐有先天性弱智。因管教过程中，与父亲发生争执。

从案件可知："弑母案"的发生不是随机事件，而是儿童童年期不良经历累积而导致的极端案件。近几年，全国各地也出现过类似恶性案件，如山东大学生刺死陪读母亲、北大高材生"弑母案"等人间伦理悲剧屡屡发生。这些案件背后隐藏的共同特质是行凶者在童年期有过不良经历。童年期不良经历（adverse childhood experiences，以下简称 ACE）是指 0~7 岁儿童在其成长过程遭受的多种形式虐待，以及家庭功能失灵等逆境。童年期不良经历与成人健康之间关系的大规模研究最早始于美国疾病控制和预防中心与圣地亚哥 Kaiser Permanente 健康评估诊所之间的合作。该中心最初的 ACE 调查问卷评估了 7 类 ACE：3 类儿童虐待（心理虐待，身体虐待和性虐待）和 4 类家庭功能障碍（母亲暴力待遇，未与家庭成员一起生活，滥用药物，精神病患者或自杀或曾被监禁）。随后的 ACE 研究将儿童忽视和父母离婚或分居纳入 ACE 指数①。儿童期不良经历与成年人健康问题风险之间的研究已经比较多，认为儿童虐待与家庭功能障碍等不良经历对成年人肝病、抑郁等健康问题都会产生影响②③。目前 ACE 与儿童行为问题已有一些研究。在一般攻击模型（GAM）的视角下，儿童期心理虐待对青少年攻击行为具有显著的正向预测作用④。有研究认为儿童期心理虐待对大学生网络攻击行为具有直接和间接效应⑤。有研究认为童年期情感虐待、不良的亲子关系模式和父亲控制过严的教养行为是青少年边缘型人格障碍的危险因素。有的研究认为儿童不良经历是青少年网络成瘾和自杀的重要影响因素⑥。有研究认为危险因素的数量能很好地预测儿童发展结局，存在 2 个和 4 个危险因素的个体发生精神障碍的风险是无危险因素个体的 4 倍和 10 倍⑦。从目前研究可以分析，儿童不良经历对青少年情绪、多动、攻击性等行为存在一定的预测性。有行为问题的儿童在青春期容易出现吸烟⑧、物质滥用⑨、肥胖⑩等风险。CDC-Kaiser ACE 关于 ACE 暴露与大范围的身心健康结果之间的联系，在一定程度上推动了中国心理学、护理学等学科方面的专家对儿童不良经历与其健康问题的预测研究。研究取得了一些较有价值的结论，但是也存在以下几个方面的不足：

---

① Hunt T K, Berger L M, Slack K S. Adverse childhood experiences and behavioral problems in middle childhood [J]. Child Abuse & Neglect, 2017, 67: 391 – 402.

② Dube S R, Felitti V J, Dong M, et al. Childhood abuse, neglect, and household dysfunction and the risk of illicit drug use: the adverse childhood experiences study [J]. Pediatrics, 2003, 111 (3): 564 – 572.

③ Larkin H, Beckos B A, Shields J J. Mobilizing Resilience and Recovery in Response to Adverse Childhood Experiences (ACE): A Restorative Integral Support (RIS) Case Study [J]. Journal of Prevention & Intervention in the Community, 2012, 40 (4): 335 – 346.

④ 孙丽君，衡书鹏，牛更枫，等. 儿童期心理虐待对青少年攻击行为的影响：安全感与孤独感的中介效应 [J]. 中国临床心理学杂志，2017，25 (5): 902 – 906.

⑤ 陈晨，郭黎岩，王冰. 儿童期受虐待与大学生攻击行为 [J]. 中国儿童保健杂志，2015，23 (9): 927 – 930.

⑥ 杨景胜，张志华，郝加虎，等. 青少年网络成瘾与自杀行为的相关关系 [J]. 中华流行病学杂志，2010，31 (10): 1115 – 1119.

⑦ 崔乃雪，曹枫林，李阳，等. 医学新生的儿童期不良经历的累积效应与攻击行为 [J]. 中国心理卫生杂志，2013，27 (3): 213 – 214.

⑧ 万宇辉，陶芳标. 母亲童年期不良经历和种族对高危吸烟行为的代际作用 [J]. 中华预防医学杂志，2017，51 (9).

⑨ 马双双，万宇辉. 童年期不良经历与终身健康 [J]. 卫生研究，2016，45 (5): 857 – 861.

⑩ 张司琪，万宇辉，许韶君. 儿童期不良经历与儿童肥胖的研究进展 [J]. 中国儿童保健杂志，2014，22 (8): 833 – 835.

一是数据代表性不足。由于中国缺乏大型跟踪数据调查，因此现有研究一般是以某个学校或某个地区的回顾性调查数据为主，缺乏代表性。本书在北京、广州、湖南和江西等四个省开展调查，数据具有一定的代表性。二是忽视近端效应研究。现有研究主要集中在儿童 ACE 与成年人健康问题之间的关系检验，而较少研究不良行为与儿童青春期早期（12～14）行为问题。三是亚组差异分析不足。现有研究主要从总体分析，而较少开展亚组差异性分析。对中国儿童存在城乡、性别等方面差异研究还存在不足。

6.2　变量测量

根据 CDC-Kaiser ACE 和国内的研究，本次调查了 12～14 儿童接触到的 5 类虐待 ACE 和 11 类家庭 ACE。虐待 ACE 为情感虐待、躯体虐待、性虐待、情感忽视、身体忽视；家庭 ACE 为父母离异、目睹家庭暴力、父或母残障、父母有酗酒习惯、父母滥用药品、父母有自杀念头、父或母离家出走、家庭居住环境差、父母喜欢用打骂教育方式、父母有赌博习惯和父母有犯罪前科记录。

6.2.1　儿童虐待

本书对儿童虐待测量采用国外儿童虐待测量比较成熟的儿童期虐待量表（Childhood Trauma Questionnaire，CTQ）。该量表在中国国内也取得较好信度与效度检验[1][2]。儿童期虐待量表分为情感虐待、躯体虐待、性虐待、情感忽视和躯体忽视 5 个因子，每个因子含 5 个条目，每个条目采用 5 级评分（从不、偶尔、有时、经常和总是，分别计 0 分、1 分、2 分、3 分和 4 分），其中第 2 项、5 项、7 项、13 项、19 项、26 项和 28 项需反向计分。每个条目的 5 个因子得分加总，并转化为二分类变量（加总得分 0 分，定义为 0；得分为 1～16 分，定义为 1），见表 6 - 1。本书得出的儿童期虐待量表信度系数为 0.862。

---

① 赵幸福，张亚林，李龙飞，等. 中文版儿童期虐待问卷的信度和效度 [J]. 中国组织工程研究，2005，9（20）：105 - 107.

② 张敏. 中文版儿童期虐待问卷信度及效度评价 [J]. 中国公共卫生，2011，27（5）：669 - 670.

表6-1　儿童期虐待量表（CTQ）计算准则

因子	测量条目	总分	二分类变量	
			0 = 无	1 = 有
情感虐待	3、8、14、18、25	二分类6	0	1 ~ 16
躯体虐待	9、11、12、15、1	二分类6	0	1 ~ 16
性虐待	20、21、23、24、2	二分类6	0	1 ~ 16
情感忽视	5、7、13、19、28	二分类6	0	1 ~ 16
躯体忽视	1、2、4、6、26	二分类6	0	1 ~ 16

6.2.2　不良经历

家庭不良经历的测量将儿童在其成长过程中出现的 11 个问题进行测量（是为 0，否为 1）。出现的问题包括：父母是否离异；家中成员是否经常激烈争吵，甚至打架（目睹家庭暴力）；父或母是否残障；父亲、母亲或其他监护人是否有酗酒习惯；父亲、母亲或其他监护人是否有滥用药品（吸食毒品）；父亲、母亲或其他监护人是否有自杀念头；父亲、母亲或其他监护人是否离家出走，基本上没有消息；家庭居住环境是否脏乱；父亲、母亲或其他监护人是否喜欢用打骂教育方式；父亲、母亲或其他监护人是否有赌博习惯；父亲、母亲或其他监护人是否有犯罪前科记录。

6.2.3　行为问题

儿童行为问题采用儿童长处和困难量表学生版（Strengths and Difficulties Questionnaire，SDQ）进行测量。该量表被国内外广泛使用，而且在测量中也表现出较好的信度与效度。国内学者对该量表的信度与效度进行检验，认为量表符合心理测量的要求[①]。学生版含情绪症状、品行问题、多动、同伴交

---

① 杜亚松，寇建华，王秀玲，等. 长处和困难问卷研究［J］. 心理科学，2006，29（6）：1419 －1421.

流、亲社会五个因子，每个因子包括 5 个条目，每个条目采用 3 级评分（不符合，有点符合和完全符合，分别计 0 分、1 分和 2 分），共 25 个条目，25个条目中的第 7 项、11 项、14 项、21 项和 25 项需反向计分。加总分数转化为二分类变量，0 为正常水平，1 为异常水平，具体计算见表 6 - 2。本书得出儿童长处和困难量表学生版的信度系数为 0.703。

表 6 - 2　儿童长处与困难量表（SDQ）分数计算准则

因子	测量条目	总分	二分类变量	
			0 = 正常	1 = 异常
情绪	3、8、13、16、24	10	0 ~ 6	7 ~ 10
品行问题	5、7、12、18、22	10	0 ~ 4	5 ~ 10
多动	2、10、15、21、25	10	0 ~ 6	7 ~ 10
同伴交流	6、11、14、19、23	10	0 ~ 5	6 ~ 10
亲社会行为	1、4、9、17、20	10	10 ~ 5	4 ~ 0

6.3　分析结果

6.3.1　描述性分析

总体分析中，ACE 发生率排在前四位的因子是：情感忽视（39.76%）、情感虐待（35.36%）、躯体虐待（26.38%）、躯体忽视（25.37%）。农村儿童比城镇儿童，母亲文化程度低的比母亲文化程度高的儿童发生率要高。男童比女童更容易遭受躯体虐待、性虐待、情感忽视和躯体忽视，女童比男童更容易遭受情感虐待，见表 6 - 2。统计结果显示：28.2% 的儿童没有遭受过不良经历；71.8% 的儿童遭受过不良经历，其中 23.4% 的为 1 分，18.4% 的为 2 分，11.9% 的为 3 分，18.1% 的为 4 分及以上。除了躯体虐待和情感虐待（$r = 0.573$，$p < 0.01$）、情感忽视和躯体忽视（$r = 0.618$，$p < 0.01$）外，每个逆境因子之间的相关系数都低于 0.5，即因子之间只存在弱相关关系。

表6-3　儿童ACE的总体和分组描述性分析

	总体	户口		性别		母亲文化程度		
		城镇户口	农村户口	男童	女童	<HS	HS	>HS
虐待ACE								
情感虐待	35.36(0.009)	33.09(0.013)	37.44(0.013)	32.21(0.012)	38.44(0.013)	38.62(0.013)	34.97(0.020)	28.24(0.017)
躯体虐待	26.38(0.008)	23.27(0.011)	28.89(0.012)	29.69(0.012)	22.62(0.011)	28.8(0.012)	24.96(0.018)	21.3(0.015)
性虐待	14.06(0.007)	11.87(0.009)	16.13(0.010)	16.3(0.010)	11.45(0.009)	15.44(0.009)	12.26(0.014)	11.34(0.012)
情感忽视	39.76(0.009)	35.51(0.013)	43.79(0.014)	40.17(0.013)	38.83(0.013)	44.14(0.013)	36.88(0.020)	32.23(0.017)
躯体忽视	25.37(0.008)	21.04(0.011)	28.8(0.012)	28.02(0.012)	22.37(0.011)	28.84(0.012)	21.16(0.017)	20.79(0.015)
家庭ACE								
父母离异	13.65(0.006)	13.49(0.009)	14.46(0.010)	14.96(0.009)	12.26(0.009)	14.18(0.009)	11.09(0.013)	13.29(0.013)
目睹家庭暴力	6.00(0.005)	4.91(0.006)	7.77(0.007)	6.28(0.006)	6.44(0.007)	7.84(0.007)	4.66(0.009)	4.86(0.008)
父或母残障	5.00(0.004)	3.18(0.005)	6.42(0.007)	4.32(0.005)	5.07(0.006)	6.3(0.006)	2.94(0.007)	2.3(0.006)
酗酒习惯	7.00(0.005)	4.19(0.005)	9.25(0.008)	7.83(0.007)	5.35(0.006)	8.96(0.007)	4.33(0.008)	3.92(0.007)
滥用药品	1.00(0.002)	0.94(0.003)	0.96(0.003)	1.42(0.003)	0.58(0.002)	1.13(0.003)	0.69(0.003)	0.95(0.004)

	总体	户口		性别		母亲文化程度		
		城镇户口	农村户口	男童	女童	<HS	HS	>HS
有自杀念头	2.00(0.003)	2.02(0.004)	1.7(0.004)	2.16(0.004)	1.66(0.003)	1.93(0.004)	1.04(0.004)	2.16(0.005)
离家出走	1.00(0.002)	1.23(0.003)	1.41(0.003)	1.28(0.003)	1.45(0.003)	1.46(0.003)	1.21(0.005)	1.08(0.004)
居住环境差	2.00(0.002)	1.52(0.003)	2.14(0.004)	1.96(0.004)	1.59(0.003)	1.79(0.003)	1.38(0.005)	1.49(0.004)
用打骂教育方式	11.00(0.006)	7.51(0.007)	13.28(0.009)	12.54(0.009)	8.24(0.007)	13.92(0.009)	8.12(0.011)	5.41(0.008)
有赌博习惯	7.00(0.005)	3.61(0.005)	9.32(0.008)	7.22(0.007)	5.79(0.006)	8.96(0.007)	5.87(0.010)	2.03(0.005)
有犯罪前科记录	1.00(0.002)	0.65(0.002)	1.03(0.003)	0.81(0.002)	0.87(0.002)	0.93(0.002)	1.04(0.004)	0.54(0.003)
行为偏差								
情绪症状问题	4.71(0.004)	4.78(0.006)	4.59(0.006)	3.55(0.005)	5.84(0.006)	4.98(0.006)	3.83(0.008)	4.63(0.008)
多动症	5.05(0.004)	4.71(0.006)	5.25(0.006)	6.1(0.006)	3.84(0.005)	5.65(0.006)	5.66(0.010)	3.57(0.007)
品行问题	7.99(0.005)	7.61(0.007)	8.44(0.008)	10.44(0.008)	5.29(0.006)	8.39(0.007)	6.82(0.011)	7.54(0.010)
同伴交流问题	7.23(0.005)	5.65(0.007)	7.7(0.007)	8.61(0.007)	5.63(0.006)	8.02(0.007)	4.51(0.009)	7.13(0.010)
亲社会行为问题	9.54(0.005)	6.31(0.007)	12.51(0.009)	13.05(0.009)	5.82(0.006)	11.85(0.008)	7.64(0.011)	6.11(0.009)

注：N = 2910；<HS = 初中及以下文化程度，HS = 高中文化程度，>HS = 大专及以上文化程度。

6.3.2　ACE 因子累积影响分析

总样本分析结果表明：儿童不良经历与青春期儿童品行问题、同伴交流问题和亲社会问题存在显著的关联。与未经历任何 ACE（参照组）相比，童年期经历 1 个 ACE 的儿童在其青春早期品行问题发生概率是 1.77 倍（$p < 0.05$），同伴交流行为问题发生概率是 1.69 倍（$p < 0.05$），亲社会行为问题发生概率是 2.64 倍（$p < 0.01$）；童年期经历 2 个 ACE 的儿童在其青春早期品行问题发生概率是 3.55 倍（$p < 0.001$），同伴交流行为问题发生概率是 2.46 倍（$p < 0.01$），亲社会行为问题发生概率是 4.83 倍（$p < 0.001$）；童年期经历 3 个 ACE 的儿童在其青春早期品行问题发生概率是 6.04 倍（$p < 0.001$），同伴交流行为问题发生概率是是 2.80 倍（$p < 0.05$），亲社会行为问题发生概率是 6.33 倍（$p < 0.001$）；童年期经历 4 个及以上 ACE 的儿童在其青春早期品行问题发生概率是 6.63 倍（$p < 0.001$），同伴交流行为问题发生概率是 4.44 倍（$p < 0.001$），亲社会行为问题发生概率是 7.80 倍（$p < 0.001$）。儿童不良经历与青春早期情绪问题与多动，虽然影响力度没有这么强，但是也呈现了类似关联性。与未经历任何 ACE（参照组）相比，有 3 个或 4 个以上 ACE 因子的儿童情绪问题发生概率是 2.75 倍（$p < 0.01$）和 4.49 倍（$p < 0.001$）；有 3 个或 4 个以上 ACE 因子的儿童多动发生概率是 3.95 倍（$p < 0.001$）和 4.45 倍（$p < 0.001$），见表 6 - 4。

亚组回归模型分析了 ACE 因子与儿童户口、性别和母亲受教育程度之间是否存在显著差异。分析结果表明：一是 ACE 高度暴露提高了城市户口儿童情绪问题、多动、品行问题、同伴交流行为问题与亲社会行为问题的概率。与没有任何不良经历城镇户口儿童相比，有 4 个及以上 ACE 因子的城镇户口儿童情绪问题发生概率是 6.38 倍（$p < 0.001$），多动发生概率是 5.55 倍（$p < 0.001$），品行问题发生概率是 9.35 倍（$p < 0.001$），同伴交流行为问题发生概率是 9.03 倍（$p < 0.001$），亲社会行为问题发生概率是 9.22 倍（$p < 0.001$）。二是 ACE 高度暴露提高了女童多动、品行问题、同伴交流行为问题与亲社会行为问题的概率。如与没有任何不良经历女童相比，有 4 个及以上 ACE 因子的女童多动问题发生概率是 8.30 倍（$p < 0.001$），品行问题发生概

率是 8.47 倍（$p < 0.001$），同伴交流行为问题发生概率是 4.81 倍（$p < 0.001$），亲社会行为问题发生概率是 9.01 倍（$p < 0.001$）。三是 ACE 高度暴露提高了母亲受教育程度大专及以上的儿童的情绪问题、品行问题、同伴交流行为问题与亲社会行为问题的发生概率。如与没有任何不良经历的母亲受教育程度为大专及以上的儿童相比，有 4 个及以上 ACE 因子的儿童情绪问题发生概率是 11.67 倍（$p < 0.001$），品行问题发生概率是 15.47 倍（$p < 0.001$），同伴交流行为问题发生概率是 18.02 倍（$p < 0.001$），亲社会行为问题发生概率是 41.59 倍（$p < 0.001$）。

6.3.3　儿童 ACE 因子对儿童青春期早期问题行为的贡献分析

为分析儿童 ACE 特定类型对儿童青春期早期问题行为的贡献度，以儿童青春期早期问题行为类型为因变量，ACE 特定类型为因变量，建立了二元 Logistic 模型。统计分析结果表明：一是情绪问题受情感虐待影响最大（$OR = 2.35, p < 0.001$），其他依次是父母或监护人有自杀念头（$OR = 2.09$，$p < 0.05$）、喜欢打骂教育方式（$OR = 1.64$，$p < 0.05$）、躯体忽视（$OR = 1.48$，$p < 0.05$）、性虐待（$OR = 1.32$，$p < 0.01$）。二是多动问题受父母或监护人有犯罪前科记录影响最大（$OR = 3.00$，$p < 0.05$），其他依次是情感虐待（$OR = 2.09$，$p < 0.001$）、父母喜欢打骂教育方式（$OR = 1.79$，$p < 0.05$）、躯体忽视（$OR = 1.47$，$p < 0.05$）和情感忽视（$OR = 1.41$，$p < 0.05$）。三是品行问题受父母喜欢用打骂教育方式影响最大（$OR = 1.76$，$p < 0.01$），其他依次是情感虐待（$OR = 1.56$，$p < 0.01$）、目睹家庭暴力（$OR = 1.51$，$p < 0.05$）、躯体忽视（$OR = 1.41$，$p < 0.05$）、性虐待（$OR = 1.34$，$p < 0.001$）和躯体虐待（$OR = 1.14$，$p < 0.05$）。四是同伴交流行为问题受父母滥用药品影响最大（$OR = 1.95$，$p < 0.05$），其次为父母或监护人喜欢打骂教育方式（$OR = 1.48$，$p < 0.05$）。五是亲社会行为问题受到居住环境脏乱差影响最大（$OR = 2.57$，$p < 0.05$），其他依次为情感忽视（$OR = 2.41$，$p < 0.001$）、躯体忽视（$OR = 1.90$，$p < 0.001$）、父母离异（$OR = 1.48$，$p < 0.05$）、父母或监护人有酗酒习惯（$OR = 0.77$，$p < 0.05$）、父母或监护人有赌博习惯（$OR = 0.65$，$p < 0.05$）。统计结果表明，ACE 因子特定类型对儿童青春期早期问题行为存在一定结果关联，见表 6 - 5。

表 6-4　儿童青春期早期偏差行为对儿童 ACE 因子累积的二元 Logistic 回归分析表

	情绪问题 优势比[95% CI]	多动 优势比[95% CI]	品行问题 优势比[95% CI]	同伴交流行为问题 优势比[95% CI]	亲社会行为问题 优势比[95% CI]
第一小组：总样本					
0					
1	0.76[0.00,1.57]	1.51[0.79,2.88]	1.77[0.96,3.26]*	1.69[1.00,2.87]*	2.64[1.51,4.61]**
2	1.22[0.61,2.43]	1.66[0.85,3.25]	3.55[2.01,6.29]***	2.46[1.46,4.13]**	4.83[2.83,8.26]***
3	2.75[1.46,5.19]**	3.95[2.11,7.38]***	6.04[3.40,10.72]***	2.80[0.97,3.35]***	6.33[3.63,11.03]***
4	4.49[2.61,7.71]***	4.45[2.51,7.89]***	6.63[3.89,11.32]***	4.44[2.75,7.18]***	7.80[4.66,13.05]***
常量	0.03***	0.02***	0.03***	0.03***	0.03***
第二组：户口					
城镇户口					
0					
1	0.80[0.29,2.23]	1.08[0.42,2.78]	1.97[0.83,4.67]*	2.82[1.25,6.35]*	3.23[1.23,8.49]*
2	1.82[0.75,4.44]	1.65[0.66,4.12]	5.26[2.40,11.51]**	4.27[1.91,9.54]***	6.76[2.69,16.99]***
3	3.68[1.49,9.05]**	4.16[1.72,10.05]**	6.51[2.77,15.28]***	1.19[0.32,4.46]	10.44[3.99,27.33]***
4	6.38[2.97,13.72]***	5.55[2.54,12.12]***	9.35[4.32,20.23]***	9.03[4.16,19.59]***	9.22[3.63,23.38]***
常量	0.02***	0.01***	0.02***	0.02***	0.01***
农村户口					
0					
1	0.65[0.21,2.00]	1.64[0.63,4.30]	1.53[0.64,3.64]	1.13[0.54,2.39]	1.83[0.90,3.71]*
2	0.63[0.19,2.13]	1.28[0.44,3.71]	2.21[0.95,5.14]*	1.49[0.71,3.13]	2.93[1.47,5.83]**

	情绪问题 优势比[95% CI]	多动 优势比[95% CI]	品行问题 优势比[95% CI]	同伴交流行为问题 优势比[95% CI]	亲社会行为问题 优势比[95% CI]
3	1.84[0.70,4.87]**	3.16[1.23,8.08]**	4.42[1.99,9.86]***	1.68[0.78,3.63]	3.45[1.72,6.95]***
4	3.28[1.45,7.44]**	3.50[1.47,8.34]**	4.29[2.02,9.14]**	2.46[1.28,4.74]**	5.34[2.84,10.02]***
常量	0.03***	0.03***	0.03***	0.05***	0.05***
第二组:性别					
男童					
0					
1	1.06[0.26,4.27]	1.61[0.71,3.65]	1.67[0.77,3.63]	1.62[0.82,3.19]	2.60[1.30,5.20]**
2	2.35[0.68,8.12]	1.92[0.84,4.39]	3.82[1.87,7.80]***	2.24[1.15,4.37]*	4.22[2.13,8.33]***
3	1.92[0.48,7.79]	3.39[1.50,7.66]**	4.54[2.16,9.56]***	0.79[0.30,2.07]	6.60[3.32,13.14]***
4	7.00[2.36,20.76]***	2.63[1.20,5.77]*	5.79[2.92,11.51]***	3.78[2.03,7.05]***	7.24[3.78,13.87]***
常量	0.01***	0.03***	0.04***	0.05***	0.04***
女童					
0					
1	0.77[0.32,1.87]	1.37[0.44,4.29]	1.82[0.63,5.31]	1.51[0.63,3.61]	2.80[1.04,7.55]*
2	1.02[0.42,2.46]	1.18[0.33,4.24]	3.07[1.10,8.56]*	2.58[1.13,5.92]*	6.38[2.52,16.13]***
3	3.82[1.81,8.06]***	5.37[1.91,15.06]***	9.31[3.56,24.34]***	3.56[1.48,8.59]**	5.45[1.94,15.29]***
4	4.58[2.37,8.84]***	8.30[3.32,20.72]***	8.47[3.40,21.06]***	4.81[2.24,10.30]***	9.01[3.63,22.32]***
常量	0.04***	0.02***	0.02***	0.03***	0.02***

	情绪问题 优势比[95% CI]	多动 优势比[95% CI]	品行问题 优势比[95% CI]	同伴交流行为问题 优势比[95% CI]	亲社会行为问题 优势比[95% CI]
第四组:母亲文化程度					
<HK					
0					
1	0.92[0.34,2.50]	2.44[0.86,6.94]*	1.66[0.69,4.02]	1.10[0.57,2.15]	1.43[0.71,2.86]
2	0.97[0.35,2.71]	2.26[0.76,6.69]*	2.79[1.20,6.48]*	1.26[0.64,2.47]	3.22[1.69,6.11]***
3	1.75[0.66,4.61]	6.02[2.20,16.52]***	5.27[2.32,12.01]***	1.33[0.64,2.77]	3.51[1.79,6.86]***
4	3.95[1.78,8.76]***	5.58[2.11,14.74]***	5.35[2.45,11.66]***	2.25[1.23,4.10]**	4.27[2.31,7.89]***
常量	0.03***	0.02***	0.03***	0.06***	0.05***
HK					
0					
1	0.36[0.07,1.76]	1.55[0.46,5.18]	1.82[0.56,5.85]	1.72[0.38,7.81]	3.35[1.03,10.94]*
2	0.27[0.03,2.25]	2.01[0.57,7.15]	2.46[0.73,8.30]	3.41[0.80,14.63]*	3.09[0.85,11.26]
3	1.62[0.40,6.51]	4.13[1.14,14.94]*	4.05[1.12,14.65]*	1.26[0.13,12.40]	10.28[3.00,35.17]***
4	2.37[0.83,6.77]*	3.86[1.25,11.89]**	3.78[1.23,11.66]*	4.90[1.23,19.43]*	7.99[2.55,25.10]***
常量	0.04***	0.03***	0.03***	0.02***	0.02***
>HK					
0					
1	0.90[0.16,4.96]	0.26[0.03,2.10]	1.44[0.38,5.45]	3.48[1.14,10.59]*	15.10[1.87,121.92]**
2	3.95[1.13,13.73]**	0.94[0.24,3.70]	6.16[2.15,17.69]***	6.21[2.16,17.83]***	28.21[3.63,219.52]***
3	8.72[2.54,29.90]***	1.71[0.43,6.78]	8.92[2.94,27.05]***	1.58[0.30,8.33]	25.13[2.97,212.38]**
4	11.67[3.53,38.51]***	5.18[1.81,14.86]**	15.47[5.38,44.46]***	18.02[6.36,51.08]***	41.59[5.17,334.67]***
常量	0.02***	0.03***	0.02***	0.02***	0.01***

注:$N=2910$;* $p<0.05$;** $p<0.01$;*** $p<0.001$。

表 6 - 5　儿童青春期早期问题行为与儿童 ACE 因子二元 Logistic 回归分析结果表

	情绪问题 优势比[95%CI]	多动 优势比[95%CI]	品行问题 优势比[95%CI]	同伴交流行为问题 优势比[95%CI]	亲社会行为问题 优势比[95%CI]
情感虐待	2.35[1.5C,3.67]***	2.09[1.38,3.16]***	1.56[1.09,2.23]**	1.15[0.79,1.66]	1.02[0.73,1.41]
躯体虐待	0.94[0.77,1.16]	0.97[0.80,1.19]	1.14[0.97,1.34]	1.08[0.91,1.28]	1.10[0.95,1.28]
性虐待	1.32[1.05,1.61]**	0.93[0.74,1.18]	1.34[1.14,1.58]***	1.14[0.95,1.37]	0.98[0.82,1.17]
情感忽视	1.18[0.77,1.82]	1.41[0.93,2.12]*	1.20[0.85,1.70]	1.26[0.89,1.80]	2.41[1.75,3.31]***
躯体忽视	1.48[0.95,2.29]*	1.47[0.97,2.23]*	1.41[0.99,2.00]*	1.29[0.89,1.87]	1.90[1.39,2.60]***
父母离异	0.88[0.49,1.58]	0.93[0.54,1.61]	1.22[0.80,1.88]	1.13[0.73,1.76]	1.48[1.02,2.13]*
目睹家庭暴力	1.57[0.34,2.90]	0.99[0.50,1.96]	1.51[0.90,2.54]*	1.40[0.80,2.43]	1.35[0.82,2.23]
父亲或母亲残障	0.94[0.42,2.12]	1.03[0.45,2.33]	1.05[0.54,2.03]	1.35[0.71,2.56]	1.20[0.66,2.17]
酗酒习惯	1.18[0.61,2.27]	1.46[0.79,2.67]	1.38[0.82,2.34]	1.06[0.60,1.88]	0.77[0.44,1.36]*
滥用药品	0.32[0.05,2.10]	0.78[0.13,4.55]	0.52[0.12,2.14]	1.95[0.61,6.23]*	1.98[0.65,6.05]
有自杀念头	2.09[0.32,5.34]*	1.45[0.49,4.35]	1.39[0.59,3.31]	1.25[0.50,3.13]	0.99[0.41,2.40]
父亲或母亲离家出走	1.77[0.57,5.52]	0.52[0.10,2.80]	0.87[0.29,2.63]	1.19[0.41,3.43]	1.40[0.54,3.63]
居住环境脏,乱,差	1.48[0.53,4.18]	0.49[0.12,1.98]	0.95[0.37,2.43]	1.37[0.55,3.40]	2.57[1.17,5.64]*
喜欢用打骂教育方式	1.64[0.97,2.76]*	1.79[1.08,2.96]**	1.76[1.15,2.69]**	1.48[0.94,2.34]*	1.33[0.88,2.03]
有赌博习惯	0.81[0.40,1.64]	1.18[0.64,2.19]	0.71[0.40,1.27]	1.14[0.66,1.98]	0.65[0.37,1.17]*
有犯罪前科记录	0.29[0.03,3.04]	3.00[0.88,10.22]*	1.30[0.37,4.60]	1.04[0.28,3.87]	2.22[0.73,6.73]
常量	0.02***	0.03***	0.02***	0.04***	0.04***
样本量	2910	2910	2910	2910	2910

注：* $p < 0.05$，** $p < 0.01$，*** $p < 0.001$。

6.4　小结

围绕儿童不良经历与成年人健康问题之间的联系已开展大量的研究，但是研究儿童不良经历与青春期早期行为问题较少。根据已有研究，本书选取了 16 个因子作为测量儿童不良经历。统计结果显示，ACE 的发生率较高，有 71.8% 的儿童至少遭受过 1 次不良经历。国内其他类似研究中儿童至少遭受 1 次不良行为经历比例是 66.22%[1]。CDC-Kaiser ACE 研究通过成年人回顾性数据得出有 64% 的美国儿童至少遭受过 1 次不良经历[2]；还有研究通过对儿童 5 岁序列数据得出的 75% 的美国儿童至少遭受过 1 次不良经历[3]。本书得出的常见的不良经历排在前四位的是情感忽视（39.76%）、情感虐待（35.36%）、躯体虐待（26.38%）和躯体忽视（25.37%）。这与聂珺妍等人研究排在前三位的是情感忽视（26.65%）、情感虐待（24.25%）和躯体忽视（21.52%）类型基本一致的。虐待比例方面，有研究指出中国儿童至少遭受一种虐待的概率是 31.27%[4]。国外 Flaherty 等人测量情感忽视高达 50%[5]。从现有研究可知，本书的儿童不良经历因子与比例与现有研究基本上是一致的。研究结论主要为：

一是童年期不良经历对青春期偏差行为发生概率影响，不是简单的加法效应，而是成倍数的乘法效应。儿童青春期早期行为问题受 ACE 因子影响。ACE 因子累积对儿童青春期早期问题行为产生"阈限效应（threshold effect）"[6]。研究显示：ACE 因子累积之后，尤其是达到 3 个和 4 个以上，儿

①　聂珺妍，喻红辉，王智强，等. 儿童期不良经历与成年后慢性病的相关性研究 [J]. 中华流行病学杂志，2015，36（9）：953–957.

②　Dube S R, Fairweather D, Pearson W S, et al. Cumulative Childhood Stress and Autoimmune Diseases in Adults [J]. Psychosomatic Medicine，2009，71（2）：243–250.

③　Hunt T K, Berger L M, Slack K S. Adverse childhood experiences and behavioral problems in middle childhood [J]. Child Abuse & Neglect, 2016.

④　陈晨，郭黎岩，王冰. 儿童期受虐待与大学生攻击行为 [J]. 中国儿童保健杂志，2015，23（9）：927–930.

⑤　Flaherty E G, Thompson R, Dubowitz H, et al. Adverse Childhood Experiences and Child Health in Early Adolescence [J]. JAMA Pediatrics, 2013, 167（7）：622–629.

⑥　Sameroff A J, Bartko W T, Baldwin A, et al. Family and social influences on the development of child competence [J]. 1998：161–185.

童青春期早期行为问题概率就会成倍增加。如与没有任何不良经历的儿童相比，达到 4 个及以上因子的儿童品行问题概率是 6.04 倍，同伴交流行为问题概率是 4.44 倍，亲社会行为问题概率是 6.33 倍，多动概率是 4.45 倍，儿童情绪问题概率是 4.49 倍。即存 4 个及以上 ACE 因子的儿童在青春早期行为问题发生概率是无不良经历儿童的 4 倍和 6 倍。

二是童年期不良经历对青春期偏差行为发生概率影响因群体而异，受朋辈群体影响较大。城镇户口儿童比农村儿童、母亲受教育程度高的比母亲受教育程度低儿童、女童比男童更不容易遭受逆境；但童年期高度暴露的城镇户口儿童、母亲受教育程度高的儿童，以及女童在青春早期出现问题行为概率更高。这与 Hunt（2016）对美国儿童研究得出具有高中或更高学历的母亲的孩子更有可能在 ACE 暴露后表现出行为问题的结论是一致的。相对剥夺理论建议人们通过与周围人进行比较来评估自己。经过调查分析，儿童一般通过与周围人进行比较来评估自己。当儿童与身边朋辈相比，状态或情况落差大时，他可能会产生愤怒、怨恨和不满的感觉，并感到有权享受那些更好的情况①。城镇户口和母亲受教育程度高的儿童接触社会经济劣势较少，更敏感，行为也更容易出问题。一般来说，城镇户口儿童和母亲受教育程度高的儿童更容易上好学校。一旦这些儿童遭受较多不良经历时，与周围优质环境成长的儿童相比，会感受到更大的落差，行为偏差发生概率也就更高。男童与女童差异与学习环境相关，当前男生成绩普遍差于女生，即"男孩危机"②。在成绩高压下，男生相对失落感弱些，而女生相对失落感更强。因此，女童比男童更敏感，遭受较多不良经历后，青春期行为更容易出现问题。

三是童年期不良经历通过代际传递机制增加青春期偏差行为发生概率。童年期不良经历对儿童青春期行为偏差影响机制是通过不良行为的代际传递实现的。符号互动论认为事物对个体社会行为的影响，往往不在于事物本身所包含的世俗化的内容与功用，而是在于事物本身相对于个体的象征意义，

①　Crosby F. A model of egoistical relative deprivation ［J］. Psychological Review, 1976, 83（83）：85 – 113.

②　王进，陈晓思. 学校环境与学生成绩的性别差异一个基于广州市七所初中的实证研究［J］. 社会，2013，33（5）：159 – 180.

而事物的象征意义源于个体与他人的互动（这种互动包括言语、文化、制度等等），在个体应付他所遇到的事物时，总是会通过自己的解释去运用和修改事物对他的意义①。ACE 对儿童青春期早期行为问题本质是符号互动。家庭暴力行为的代际传递，即儿童期目睹或经历家庭暴力对成年后施暴或受虐有一定影响②。家庭暴力传递的近端效应是：童年期遭受父母或主要照顾者打骂、虐待或忽视的儿童，青春期儿童不自觉将这些亲子交流方式变成自己同辈交流方式，在学习生活中容易对其周围人打骂、虐待或忽视。儿童童年期遭受父母或监护人在情感方面的忽视等，青春期容易出现情绪困扰等内向型偏差。童年期遭受父母打骂、躯体虐待等，青春期儿童容易出现暴力、欺凌等外向型偏差。童年期亲历父母因滥用药品（吸食毒品）而出现诚信问题风险更大。孩子作为父母不讲诚信的受害者和见证者，难以承受相信他人后所带来的欺骗，所以在青春期与同伴交流中容易出现撒谎等问题行为。儿童童年期父母或监护人缺位，青春期选取通过多动等方式吸引周围人关注。童年期父母对于居住环境的忽视导致青春期儿童对于社会责任的淡漠。这也就是我们日常讲的"有什么样的父母就有什么样的孩子"。

本书虽然对儿童不良经历的近端效应（儿童青春期早期）开展了探索性研究，但还是存在以下不足：一是回顾性研究设计局限性。与纵向研究设计相比，本书采用回顾性研究获取的数据信度和效度有些欠缺。二是自变量的难穷尽性。根据已有研究和国内情况，ACE 因子扩展到 16 个，但是有可能存在预测行为问题的未测量变量。并且与 ACE 相关，CDC-Kaiser 研究还包括其他逆境，如单亲家庭，暴力和犯罪行为，个人受害，经济困难和歧视。未来的研究需要检查更广泛的 ACE，这些 ACE 可能与不同人群相关③。三是正向解释的有限性。本书集中于 ACE 对于儿童青春期早期行为问题的解释，而对于不良经历儿童的抗逆力成长正向解释力有限。但是据有关研究显示，在

---

① 胡荣. 符号互动论的方法论意义 [J]. 社会学研究, 1989 (1)：98－104.

② 柳娜, 陈琛, 曹玉萍, 等. 家庭暴力严重躯体施暴行为的代际传递——目睹家庭暴力 [J]. 中国临床心理学杂志, 2015, 23 (1)：84－87.

③ Finkelhor D, Shattuck A, Turner H, et al. A revised inventory of Adverse Childhood Experiences [J]. Child Abuse & Neglect, 2015 (48)：13－21.

对 698 位出生于贫困、压力、受虐与疏忽环境的案主追踪研究中，发现有 2/3 都成为功能良好的成人[①]。

研究尽管存在这些不足，但为有关于儿童遭遇逆境的文献做出了重要贡献。通过研究 ACE 暴露的近端影响，该研究能够扩展 ACE 影响范围。结果表明，童年期遭受不良经历的儿童在其青春早期（年龄 12 ~ 14 岁）正在经历行为问题，这可能导致不良健康和行为结果，甚至出现极端伤害案例。研究将以前 ACE 研究的观察结果扩展到城乡、性别和母亲受教育程度等多样性的人群，以了解这些群体如何受到 ACE 的不同影响。

---

① PhD C A L. Strengths-Based Group Practice: Three Case Studies [J]. Social Work with Groups, 2007, 30 (2): 73 – 87.

第7章 结论与建议

7.1 风险管理是儿童防虐重要实务方法

当前，我国儿童虐待现象还比较普遍，强调事后保护的司法介入模式难以解决"隐性虐待"现象。为实现儿童利益最大化，儿童保护体系应延伸至事前保护。受虐儿童所在家庭面临的风险因子与非受虐儿童相比存在显著差异，儿童受虐与儿童行为偏差显著相关，以及受虐儿童所在家庭面临的风险强度对儿童虐待程度显著相关的结论证明了研究假设。因此，风险管理作为儿童防虐的实务方法具有可行性和科学性。建立高风险家庭儿童防虐体系不仅有必要，而且是可行的。

7.1.1 儿童虐待具有隐蔽性，事后保护存在制度失灵

通过对调查数据分析发现我国儿童虐待方面存在如下特征：

一是群体性特征。留守儿童、流动儿童、残障儿童、孤儿或事实无人抚养孤儿、离异家庭的这些群体，遭受儿童虐待的概率更大。这些群体中有些已经纳入政府保护之中，有些是尚未纳入。纳入保护的主要是以经济救助为主，还尚缺专业性的防虐服务。

二是差异性特征。儿童虐待在性别、年龄和城乡方面表现一定程度的差异，男童比女童更容易遭受躯体虐待、躯体忽视、性虐待；女童比男童更容易遭受情感虐待。一般年龄越大，越容易遭受到父母或主要照顾者的情感忽视等虐待。家庭对儿童的教育中，容易出现忽视或者打骂的极端行为。农村儿童比城市儿童更容易遭受躯体和情感忽视，而城市儿童比农村儿童更容易遭受情感和躯体虐待。即"要么不管，管就是打骂"的教育行为在我国还比较普遍。

三是普遍性特征。儿童虐待在城乡之间只是类型方面的差别，而并没有出现只存在农村或城市的现象。即使是性虐待方面，传统观点认为性虐待主要发生在女童身上，但是本次调查显示，男童被性侵犯甚至还要高于女童。

四是模糊性特征。儿童虐待难以界定：首先轻微的躯体或性虐待难以界定。躯体虐待容易与体罚教育相混合，非接触性的性虐待难以取证。其次躯体和心理忽视难以界定。忽视很大程度是心理感知，因此，对于忽视的界定更是缺乏相应的判断标准。最后是情感虐待难以界定。言语的辱骂一方面是难以取证，另一方面对儿童的伤害更多是在心理层面。因此，儿童虐待在实务界定中存在模糊性特征。

儿童虐待已经不是小概率事件，仅有 15.4% 的儿童从未遭受过任何类型虐待；有 84.6% 遭受过一类以上的虐待。虐待类型具有伴生性特征，多重虐待并存。儿童遭受了情感虐待，往往也会遭受躯体虐待、情感忽视；遭受了性虐待，往往也会遭受躯体虐待；遭受了情感忽视，往往也会伴随躯体忽视。"隐蔽性虐待"在我国已经是一个比较普遍的现象，不能简单的通过经验共识去判断儿童虐待是属于某些群体或者某些家庭的产物。儿童虐待在分布方面虽然有些群体和差异性特征，但是总体上来看，儿童虐待已经打破了传统的经验判断共识，对儿童虐待的风险因子的识别需要借助精算技术，去准确地识别，精准地定位。儿童虐待界定的模糊性，导致强调事后保护的司法介入模式难以为儿童提供全面的保护。

我国现有以危机干预为主的事后保护模式存在制度失灵：一是"以家庭中心主义为基础"的介入逻辑导致瞄准效率低。政府介入儿童保护的条件是"指遭受父母或其他监护人暴力、虐待、遗弃、性侵害的儿童"，并且虐待被报告且出现"致残、致死或致孕"极端现象，政府才能介入。国家只在家庭资源耗尽时，才扮演辅助性角色。因此，诸多儿童虐待案件往往是在受虐过于严重时才被披露和干预，绝大多数案件尚不为人知和缺少保护。二是"以司法惩戒为主"的保护逻辑导致预防功能有限。现行儿童虐待预防与干预运行机制中包括惩戒和法律援助，主要目的通过事后惩戒来警示民众和制裁施虐人。大部分受虐儿童根本不知道报警求救，大多忍气吞声。甚至一些遭受性虐待案件，更由于"家丑不可外扬"的传统观念，成为家庭成员难以启齿的秘闻。而且以司法惩戒为主的事后保护方式还面临取证难和证词模糊的困境，这就导致能进入司法程序的儿童虐待案件较少，进而使该制度震慑效力被削弱，预防功能有限。三是"碎片化"的管理逻辑导致防虐效果不佳。儿童虐待干预被分布在妇联、司法、民政等各部门，导致问题有二：其一是选择性预防，如儿童虐待预防教育主要是由妇联等相关部门主导开展的防女童性侵教育项目，男童性保护以及其他虐待类型的预防教育被忽视。其二是专业力量不足。碎片化管理导致专业力量分散，现已开发的预防手册，由于缺乏专业力量，处理方式不科学，预防效果不佳。如我国某地区有关部门开发的"性教育教材"，被很多家长认为尺度太大，或者是太"黄"，难以接受。四是司法介入保护措施实施难。司法介入保护措施实施难主要体现在人身保护令震慑效果有限和安置措施缺乏保障。

7.1.2　风险因子具有可预测性，事前保护具有可行性

家庭是儿童成长最重要的场所，也是对儿童行为影响最大的地方。通过对儿童虐待类型与家庭风险因子分析可以发现：建立风险因子矩阵对高风险家庭识别具有较好的信度和效度。

一是风险因子对儿童虐待识别具有准确性和真实性。调查数据显示：生活在父母离异、出走、身体有精神疾病、频繁发生暴力冲突、习惯用体罚等方式教育，或是父母或主要照顾者有滥用药品、犯罪、赌博、酗酒等不良习惯家庭的儿童遭受儿童虐待概率更高。男童比女童更容易遭受躯体虐待，留守或流动儿童更容易遭受情感忽视。风险因子从儿童自身、家庭问题和照顾者问题三个方面进行界定，具有准确性和真实性，即具有较好的效度。

二是风险因子强度与儿童虐待程度之间存在稳定性和一致性关系。调查数据显示：儿童所处环境的风险强度越大，其遭受的儿童虐待程度越严重。儿童所处环境的风险系数强度与儿童遭受躯体虐待、性虐待、情感虐待、躯体忽视和情感忽视的程度成正相关。这说明风险因子强度与儿童虐待程度之间存在稳定性和一致性关系，结论也检验了风险因子的信度。

三是风险因子聚焦于父母或主要照顾者的角色失调。调查数据显示：对儿童虐待影响比较显著的风险因子主要聚焦于父母的角色失调。根据角色类

型，角色失调具体可以分为四类：一类是角色缺位。父母或主要照顾者角色缺位容易导致此环境下的儿童受虐，如生活在父母离异、出走或死亡、或身心障碍等环境下的儿童，由于父母在教育与抚养角色的缺位，容易遭受虐待。二类是角色无能。父母或主要照顾者存在经济上能力不足、教育子女技巧不足等问题，容易导致儿童遭受相应的虐待。三类是角色拒绝。父母或主要照顾者因其吸毒、嗜赌、犯罪、酗酒、打架等行为使其难以承担教育和养育子女的角色，实际上是间接或直接拒绝了其应承担的照顾和教育子女的角色。四类是角色冲突。父母或主要照顾者在儿童照顾上存在工作与亲子、子女与重组家庭之间的角色冲突。在工作与亲子之间冲突处理，有些选择了工作，就出现了大批的留守儿童；在子女与重组家庭之间的冲突，有些选择重组家庭的完整，就怂恿了继父或继母对其子女的各种侵害。风险因子的检验证明：受虐儿童所在家庭面临的风险因子存在显著差异，受虐儿童所在家庭面临的风险强度对儿童虐待程度存在显著相关。这说明通过一定的精算技术法则能对儿童虐待风险因子进行较准确的识别，风险因子识别是高风险家庭儿童防虐体系运行的核心环节。

四是父母教育程度与儿童虐待概率成负相关。在风险因子的检验过程中，可以发现，父、母亲的教育程度，尤其是父亲的教育程度与儿童虐待发生成负相关，即父、母亲教育程度越高，儿童遭受虐待概率也越低。这说明父母教育程度的提高，在一定程度上提高儿童的保护因素，降低儿童的危险因素。父母亲教育程度高，意味教育子女方法和技能的科学，以及可以获得较大的社会支持。因此，高风险家庭防虐中应重点以对家庭增能赋权为主。

7.1.3　儿童虐待具有严重危害性，儿童保护具有紧迫性

儿童虐待被认为是对儿童成长与发展产生伤害的最重要因素，因此，在国际组织和域外的一些国家采取的儿童福利服务措施中，儿童虐待的预防与保护是主要部分。通过调查数据可知：

一是儿童虐待与其行为偏差显著相关。调查数据显示：遭受情感虐待、躯体虐待、性虐待、情感忽视和躯体忽视的儿童，在其情绪症状、多动、品行、同伴交流和亲社会行为方面容易走向边缘或异常水平。儿童遭受的虐待

程度越严重，儿童在长处与困难方面出现边缘或异常水平的概率也越大。

二是儿童虐待依托受虐儿童进行传递。调查数据显示：遭受父母或主要照顾者虐待或忽视的儿童，其在学习生活中容易对其周围人虐待或者不信任；父母或主要照顾者之间经常冲突，甚至打架，容易导致父母或主要照顾者将其处理家庭关系的方式搬迁至亲子关系。这说明虐待存在传递，父母或主要照顾者打骂子女或者忽视子女，子女可能就会打骂其同伴或者忽视同伴情感。如果这种传递行为不予以矫正，就很可能产生循环，今天的子女成为明天的父母之后，依然采取虐待的方式教育其子女，如此以来，受虐家庭就进入了一个暴力或虐待循环的怪圈。

三是风险因子对儿童行为产生直接和间接影响。风险因子对于儿童行为产生影响的路径分为两条：一方面通过儿童虐待中介变量产生影响，这是主要路径。风险因子导致儿童遭受虐待概率提升，遭受虐待儿童在行为方面容易出现偏差。另一方面直接影响。风险因子会直接导致儿童行为出现偏差概率增大，这是辅助路径。从风险因子、儿童虐待与儿童行为三个变量之间关系可知，儿童虐待行为已经显著影响儿童的行为，成为儿童成长的危险因素，因此建立高风险家庭儿童防虐体系对儿童保护具有较好的信度和效度。

从风险因子、儿童虐待与儿童行为三个变量之间关系可知，儿童虐待行为已经显著影响儿童的行为，成为儿童成长的危险因素。如果不对儿童成长的保护因素进行增强，危险因素会对儿童产生直接或间接的伤害。

根据儿童虐待特征、风险因子以及儿童行为三方面分析可以得出如下结论：

一是儿童虐待已普遍存在，但是儿童虐待的特征也打破传统的经验共识。依靠司法介入为主的保护体系难以解决当前存在的"隐蔽性儿童虐待"问题。

二是儿童虐待对儿童产生影响显著。儿童一旦遭受虐待，不仅自身受到伤害，而且还会传递和循环。因此，儿童虐待应采取防范于未然的措施，即应加强儿童虐待的预防。

三是风险因子能比较准确识别儿童虐待家庭。通过对数据分析发现，儿童虐待是可以引入风险管理方法，提取进行风险识别，对儿童遭受虐待概率大的高风险家庭进行专业方法介入，以保障儿童伤害最小化。

7.2　建立高风险家庭儿童防虐体系

在父母社会角色变化、家庭流动加剧和照顾者社会压力增大的背景下很容易出现儿童被忽视甚至被虐待的现象。而事实上，无论是在城市还是农村，儿童被忽视和被虐待的事件屡有发生，值得政府和社会高度关注，建立一个完备的儿童保护和相应的社会支持体系刻不容缓①。

7.2.1　内涵与原则

（一）内涵

高风险家庭是指因种种原因（如父母服刑、吸毒、严重残疾、有暴力倾向等），生活在这个家庭的儿童有较大概率无法获得适当的生活照顾而使其正常的身心社会发展受到危害的家庭。与单纯的经济贫困家庭相比，高风险家庭无法仅仅通过经济补助就可帮助家庭正常运作。诸如"南京饿死女童事件""贵州毕节留守儿童自杀事件"等，这样的家庭仅仅通过经济补助无法从根本上解决问题，所以需要结合国情，借鉴国外的一些实践经验和做法，建立一套符合我国实际的高风险家庭儿童保护体系。

高风险家庭监测保护体系是指在对儿童的家庭进行风险评估并在儿童遭受风险之前进行干预的制度安排。高风险家庭风险监测评估主要具有三项功能：筛选潜在风险的群体，监测遭受过风险的儿童被再次风险和评估孤残儿童被寄养时所面临的风险。主要包括四方面内容：一是风险识别。相关专家通过系统的收集资料，分析儿童环境中的风险因子以及该因子与儿童风险之间的关系，进而根据这种关系建立风险识别指标，作为判读儿童遭受风险的基本依据。二是风险评估。社区工作人员依据风险识别指标对于其社区家庭的风险因子进行评估，每个因子都进行评分，然后将评分加总，以评估儿童遭受风险的高低。三是风险干预。经评估确认为高风险家庭的，分析风险来源，及时采取对应措施干预，体现对儿童的保护，改进儿童的生长环境。四

---

① 熊跃根. 福利国家儿童保护与社会政策的经验比较分析及启示［J］. 江海学刊，2014（3）：96－103.

是风险反馈。对已经采取干预措施的家庭，相关保护机构要紧密跟进，及时评估已采取措施的有效性。已采取措施有效性不彰的或无效的，应重新分析风险源，重新研究干预对策。

（二）基本原则

建立高风险家庭儿童防虐体系将主要基于以下四项原则：

一是预防原则。预防分为事前预防和事后预防机制。高风险家庭儿童防虐体系介入点主要采取事前预防。社工发现在儿童生长环境周围出现使儿童遭受困境或侵害的风险因子就会采取介入措施，尽量避免儿童遭受伤害。

二是优势原则。高风险家庭儿童防虐体系介入理念将着眼于儿童和家庭的抗逆力，通过挖掘其周围的优势资源，评估其真实需要，制定支持家庭的方案，以促进儿童和家庭走出困境。

三是审慎原则。高风险家庭儿童防虐体系介入程序坚持审慎原则，通过采取保密、筛选和个案管理等方式，保护儿童，防止产生污名。

四是合作原则。高风险家庭儿童防虐体系在介入儿童保护过程中，将基于社会模式，认为儿童遭受伤害的致因是来自社会的原因。因此，儿童保护应与家庭建立起伙伴合作关系，健全家庭功能，维系家庭团结，而不是简单通过司法惩戒来进行。

7.2.2 必要性与可行性

（一）必要性分析

建立我国高风险家庭儿童监测保护体系是完善家庭政策的需要。家庭是人们在不同生命阶段（儿童、青少年、成年、老年等）相关问题的交汇点，对儿童尤为重要。大量实证经验材料证明：一是支持家庭是满足儿童成长需要的最为有效的途径。简单地将儿童与家庭割裂开来，并只对失去家庭依托或者受到伤害的儿童的"救助"工作不能有效为儿童提供保护。儿童的需要与家庭的需要是不可分割的，对儿童最好的保护办法是为他们的父母提供支持，支持家庭即帮助儿童，不能支持家庭就不能有效地帮助儿童。二是维系家庭是避免儿童各种不良行为的最为有效的手段。良好的家庭环境，特别是父母的角色，不仅有助于儿童的身心健康、学业表现以及未来的发展，而且还会减少儿童出现各种不良行为的概率如逃学、吸毒或犯罪等社会问题。相反，家庭功能一旦削弱而无法行使其正常职能，往往会产生一些影响更为广泛和深远的社会问题，如青少年犯罪、酗酒、吸毒以及自残等行为。三是监测预防是避免儿童问题代际传播的最有效的方法。儿童问题具有代际传播性，今天的儿童即是明天的父母，儿童时期出现的身心健康问题不仅会影响该儿童进入成年时期的工作、学习、情感及人际关系能力，更会影响下一代儿童的身心健康。研究表明：母亲如果是家庭暴力的受害者，其孩子受虐待的概率是其他家庭孩子的两倍。

建立我国高风险家庭儿童监测保护体系是保护儿童的需要。随着人类生存环境的日益复杂化以及社会科学研究的新发现，人们越来越认识到，儿童保护问题并不能简单地归结为个人主义膨胀、家庭关系商品化趋势或道德败坏等精神因素，而是很多环境因素共同作用的结果。家庭问题往往是个人及社会环境因素交互作用的结果。例如，导致虐待儿童的原因就包括环境因素、父母因素以及儿童自身的因素等。因此，从全面和系统地实施儿童保护的视角看，我国当前儿童保护仍然存在许多问题和不足：一是以现金救助为主的服务模式难以化解监护缺位、教育缺失和亲情匮乏。现有的儿童保护系统主要通过现金救助的方式对孤儿、贫困儿童、流浪儿童、残疾儿童提供经济救助，而对提升这些儿童或者家庭的自助能力的社会服务较少。这种以现金救助为主的保护模式一旦扩展到其他儿童，比如留守儿童，弊端就尤为明显。贵州毕节留守儿童服农药自杀就是一个典型的案例，这些留守儿童在经济上可能不匮乏，最需要的是社会情感关怀和支持。儿童性侵害、亲生父母溺死脑瘫子女、流浪儿童垃圾箱取暖中毒身亡、河南兰考火灾等事件接连发生，事实表明，纯粹依靠现金救助手段并不能有效解决日益复杂的儿童保护问题。二是残补的保护逻辑难以解决家庭角色失调。现有保护模式是一种残补保护逻辑，即国家只在家庭资源耗尽时，才扮演辅助性角色。残补的保护逻辑假设前提家庭是功能齐全的单位。但在人口流动和离婚率上升背景下，家庭功能失灵现象频发。据民政部发布的《2021 年民政事业发展统计公报》显示，2021 年离婚率为 2.0‰，离婚率上升带来的直接影响就是产生了成千上万的单亲家庭或重组家庭。除此之外，由于人口流动，中国现有农村离异儿童数大约为 902 万人。这些家庭存在不同程度的家庭功能失灵，而现有的制度为这些家庭儿童提供相应的保护是有限的。三是事后惩戒的保护逻辑难以彰显法律的震慑力。在《中华人民共和国宪法》《婚姻法》《未成年人保护法》和《反家庭暴力法》中都有针对禁止虐待儿童的规定，并规定了相应的法律责任。但是由于现有的制度设计主要通过事后介入进行保护，法律震慑力有限，儿童保护效果甚微。从法院判决文书可知：儿童保护形式堪忧，现有体系预防功能不足，事后介入保护逻辑产生的法律震慑力有限。综上所述，一是儿童保护服务对象识别复杂。儿童保护服务不同于经济救助，难以通过收入指标进行区分，而是需要进行通过重新设计识别机制。二是儿童保护资源有限。中国儿童群体规模大，但是儿童保护资源是有限的。如何把有限的资源分配到最需要的群体中去，是当前我国儿童保护制度迫切需要进行政策设计的。

建立我国高风险家庭儿童监测保护体系是社会文明的需要。确立儿童主体权利是一种社会文明。在家庭中，孩子是一家人的希望，在社会中，孩子则是国家的希望，代表着国家的未来。因此，儿童的素养，代表的是多年之后整个国家的素养，未成年人群体的文明状态，更是预示着未来社会的文明状态。学习成长中的儿童，理应走在文明社会的最前端，才能保证文明能够不断前行。因此，建立我国高风险家庭儿童监测保护体系体现社会文明的需要：一是建立我国高风险家庭儿童监测保护体系是落实儿童受保护权的有效措施。《儿童权利公约》指出，儿童具有的最基本的权利可概括为四种：生存权、受保护权、发展权和参与权。儿童受保护权指儿童享有获得国家、社会、学校、家庭保护的权利，包括受监护权、受抚养权等，必要时社会应予以援助，使儿童免受身心摧残、伤害和凌辱，忽视或照料不周、虐待或剥削。但实际上儿童无论是在家庭、学校还是社会上都处在比较弱势的地位，儿童被遗弃、被家暴、被残害、被拐卖、被参与、被游戏、被娱乐等现象从未间断。高风险家庭儿童监测保护体系就通过监测和保护机制为儿童提供一个全方面的保护系统。二是建立我国高风险家庭儿童监测保护体系是践行儿童保护中"最大利益原则"的有效举措。儿童权利保护的"最大利益原则"，最早由 1959 年《儿童权利宣言》确认为保护儿童权利的一项国际性指导原则。

此后，在若干国际公约和区域性条约中这一原则又多次得到重申。儿童的利益宣布为权利，并且从人权的角度加以保护，是现代国际国内法律发展的一个进步趋势。其中"最大利益原则"就是近些年来国际人权公约和相关国家立法确立的一项旨在增进儿童保护的重要原则。高风险家庭儿童监测保护体系通过监测和保护，采取支持家庭的方式预防儿童伤害事件发生以及对已经发生伤害的儿童采取最小伤害的方式进行处理，充分体现了儿童保护的利益最大化原则。三是建立我国高风险家庭儿童监测保护体系是培养合格公民的有效方法。西方发达国家将子女更多地是被视为新一代的公民，而不是家庭的传宗接代者或私有财产的继承人，因此政府和社会自然有责任为他们提供帮助。政府通过家庭政策来分担家庭抚育子女的责任，在一定程度上反映出西方国家没有将家庭视为一个完全独立的"私人领域"，而是一个对公民的社会化、特别是政治社会化具有重要影响的场所。家庭塑造了个体的心理特征，它决定着儿童的政治态度，传递一套规范和价值（包括政治内容），以及信念和态度（如政党忠诚感和对政府的信任或不信任）。

（二）可行性分析

我国法律法规为高风险家庭儿童监测保护体系建立提供了政策支持。近些年，我国各部门也加大了儿童保护力度，围绕儿童利益最大化在制度建设和实践探索方面取得了很大进步，目前正朝着法治化、体系化、专业化的方向迈进。这为高风险家庭儿童监测与保护体系建立提供了政策支持。为实现儿童利益最大化，政府部门颁布了一系列法律法规：（1）法律。涉及儿童保护的法律主要有：《中华人民共和国未成年人保护法》《中华人民共和国婚姻法》《中华人民共和国收养法》《中华人民共和国残疾人保障法》《中华人民共和国母婴保健法》等。这些一般性和专项性立法对包括儿童在内的国家公民应当享有的生存权、参与权、权益维护权、受保护权等做出了明确规定。（2）行政法规。涉及儿童保护的行政法规主要有：《法律援助条例》《城市生活无着的流浪乞讨人员救助管理办法》《农村五保供养工作条例》《残疾人教育条例》《社会救助暂行办法》等。这些法规包含涉及儿童基本生活、教育、收容救助、安全等方面内容以及国家和社会应当承担的主要职责。（3）规范性文件。涉及儿童保护的规范性文件主要有：《关于加强孤儿救助工作的意见》《关于制定孤儿最低养育标准的通知》《关于进一步加强受艾滋病影响儿童福利保障工作的意见》《关于进一步加强困境儿童临时救助工作的通知》《国务院关于加强农村留守儿童关爱保护工作的意见》等。这些规范性文件对儿童福利的具体政策设计、实施做出了具体规定。

决策层面共识为高风险家庭儿童监测保护体系建立提供了发展机遇。儿童是家庭的希望和国家、民族的未来。儿童保护共识已经上升到中央层面，形成了决策层面的共识。儿童保护得到党中央领导和相关部门重视：一是领导重视儿童保护。2012 年 11 月，以习近平为总书记的中国新一届中央领导集体执政以来，比以往任何时候都更加重视儿童保护工作。中国共产党的十八大《报告》鲜明提出，"继续坚持男女平等基本国策，保障妇女儿童合法权益"。2013 年，中国共产党的十八届三中全会做出的重要《决定》明确要求，"健全农村留守儿童关爱服务体系和困境儿童分类保障制度"。与此同时，习近平、李克强等中国高层领导人多次对儿童保护工作做出重要指示。2013 年 5 月 29 日，习近平在同全国各族少年儿童代表共庆"六一"国际儿童节时强调，"让孩子们成长得更好，是我们最大的心愿"，要求对损害少年儿童权益、破坏少年儿童身心健康的言行，要坚决防止和依法打击。2014 年，李克强总理在《政府工作报告》中鲜明提出，要使每一个孩子都有公平的发展机会。在中央政府和中国最高领导人的高度重视下，加强儿童保护体系建设已经成为中国政府当前正在加速推进的一项重要工作。2016 年 6 月 1 日李克强总理主持召开国务院常务会议，部署加强困境儿童保障工作，明确提出为困境儿童提供保障，是社保兜底机制的重要内容，也是家庭、政府和社会的共同责任。二是部门重视儿童保护。近年来，民政部自上而下的改革创新试点和自下而上的实践探索相互结合，为推动中国儿童保护制度建设提供了有力支持。2013 年，民政部在北京、石家庄、大连等 20 个地区开展未成年人保护试点工作，探索建立未成年人社区保护网络、保护受伤害的未成年人，探索建立健全未成年人保护制度。同时，民政部在江苏省昆山市、浙江省海宁市、河南省洛宁县、广东省深圳市等 4 个县市开展适度普惠型儿童福利制度建设试点工作，把困境儿童确定为重点保障对象，进一步提高儿童保护水平。为探索建立新型未成年人社会保护制度，2014 年 7 月，民政部再次下发《通知》在全国 78 个地区开展第二批全国未成年人社会保护试点工作。与此同时，甘肃等地积极通过低保、"十二五"防艾行动计划等保障艾滋病儿童的基本生活；重庆、四川凉山、云南德宏设立了针对所有困境儿童的津贴制度；深圳、江苏、浙江等地为试点推行的适度普惠型儿童福利制度实施方案设立了八项津贴制度，对困境儿童进行分类分层救助等。

社区发展为高风险家庭儿童监测保护体系建立提供了支持平台。当前我国稳步推进的社区发展政策为高风险家庭儿童监测保护体系提供了强有力的支撑：一是网格化管理为高风险家庭儿童监测保护体系提供了平台支持。社区网格化管理最早起源于上海市在抗击"非典"时所应用的"两级政府、三级管理、四级网络"的城市管理体制，后来经过不断总结完善，在 2003 年正式提出了"网格化管理"的概念。经过近些年来的不断实践，社区网格化管理已经发展成为基层社会治理的成功模式之一。社区网格化管理为高风险家庭儿童监测保护体系数据收集和监测提供了平台支持。二是智慧技术为高风险家庭儿童监测保护体系建立提供了技术支持。日益普及的智能手机为资料收集提供了便利，日趋成熟的大数据技术为指标的科学性提供了支持，日益发达的手机软件技术为监测系统建立提供了可能性。各地大力推进的智慧社区为监测保护体系建立提供了技术平台。三是"三社联动"为高风险家庭儿童监测保护体系提供了供给保障。近年来，各级政府加大政府购买力度，推动"三社联动"，这就为高风险家庭儿童监测保护体系提供供给保障。社区通过高风险家庭儿童监测保护体系对辖区的儿童风险进行识别。政府部门根据监测体系可以了解不同儿童需要，向社会组织购买相应的服务。社会组织中的专业性社会工作人员为相应的儿童提供各种支持方案。四是社工人才为高风险家庭儿童监测保护体系提供了人才保障。近年来，社会工作专业人才队伍也在不断壮大，据《2021 年民政事业发展统计公报》显示，截至 2021 年，全国持证社工人数为 73.7 万人。

国外制度成效为我国建立高风险家庭儿童监测保护体系提供了实践基础。风险监测评估工具在其他业务领域已经使用了很多年，包括医药、保健和犯罪。儿童福利领域的风险监测评估主要用来确定未来儿童遭受风险的可能性，并决定是否需要采取行动，以减少未来损害的风险。从美国制度实践可知，风险监测评估程序运用儿童保护领域，基本上达到两个目的：一是有利于提高福利资源的使用效率。福利资源具有稀缺性特征，尤其在福利危机之后，对于福利资源使用效率成为福利改革的重点。风险监测评估程序通过一定的技术筛选出最需要的群体，然后把有限的资源运用在这些群体身上，就有利于提高福利资源的使用效率。二是有利于提升社会服务的决策效率。从历史上看，社会服务工作者对儿童风险的判断依赖于社会工作人员的专业判断和直觉。然而，临床判断可能对未来的风险预测不够，进而导致对儿童和家庭的决策失误。风险监测评估程序建立就有助于高决策的可靠性、有效性和客观性。

7.2.3　技术路线

儿童保护主要存在两种技术路线：一条基于危机干预建立的事后保护体系；另一条是基于风险预防建立事前保护体系。事前预防与事后保护在很多国家都是并行，只是侧重点不同。美国侧重事后保护，现在加强了事前预防；北欧国家侧重事前预防。我们国家侧重事后保护。风险预防体系与危机干预体系在介入阶段、目的、方法、手段以及与家庭关系都存在差异（见表 7 - 1）。

表 7 - 1　风险预防与危机干预体系比较

	风险预防体系	危机干预体系
基本概念	风险	危机
介入阶段	有可能，尚未发生	已经发生
介入目的	预防儿童虐待悲剧发生	终止家庭暴力
介入方法	提供跨专业合作的家庭支持服务	提供紧急救援服务
介入手段	以个案和小组社工服务为主	运用司法等公权力
与家庭关系	合作	惩戒

儿童保护体系侧重点选择受到保护对象瞄准特征影响。儿童保护对象瞄准特征从技术维度可以分为显性和隐形两种类型；从文化上可以分为污名程度低和高两种类型。儿童保护瞄准可以划分四种类型：类型Ⅰ（显性特征 - 污名程度低）、类型Ⅱ（显性特征 - 污名程度高）、类型Ⅲ（隐性特征 - 污名程度低）和类型Ⅳ（隐性特征 - 污名程度高）（见表 7 - 2）。

表 7 - 2　儿童保护瞄准特征类型划分

	污名程度低	污名程度高
显性特征	Ⅰ	Ⅱ
隐性特征	Ⅲ	Ⅳ

　　显性标准一般是以儿童消费、身份和行为等可以明显识别的特征作为识别依据。类型Ⅰ一般是以区域或者群体为瞄准对象，如贫困地区儿童或残疾儿童需要得到相应补贴或服务；类型Ⅱ一般是以个体为瞄准对象，如某个儿童生存陷入了困境，需要采取救助等措施。隐性标准一般是难以通过现代一些技术手段识别的隐蔽性特征。类型Ⅲ一般是以区域或者群体为瞄准对象，如留守儿童遭受身体忽视和情感忽视风险更高；类型Ⅳ一般是以个体为瞄准对象，如某位行为偏差的女童遭受了性虐待或者某家的儿童遭受了躯体虐待。

　　儿童保护效果受到保护政策与特征匹配的影响。对于具有显性特征和污名程度低的，危机干预是比较好的选择；对于具有显性特征和污名程度高的，危机干预会因当事人不合作而影响效率；对于具有隐形特征和污名程度低，危机干预瞄准效率会偏低；而对于具有隐形特征和污名程度高的，危机干预不仅瞄准效率低，而且还会因当事人不合作导致制度失灵。根据调查数据可知，我国采取的以危机干预为主的儿童保护体系失灵的根本原因是试图以危机干预手段去介入具有隐形的且污名程度较高的儿童虐待。

　　儿童虐待具有隐蔽性，但是庆幸的是遭受虐待的儿童的自身、家庭和照顾者因子具有可预测性。因此，要防止儿童保护制度失灵，关键是要将预防措施前移，建立事前保护机制。事前保护通过对“可能发生，但是尚未发生的”虐待的家庭进行风险干预，达到“防患于未然”。基于风险预防建立的事前保护机制却具有明显制度优势：一是有利于儿童伤害最小化。社工及工作人员通过已经建立的风险因子量表进行监测评估，预判儿童受虐风险，并针对风险高的采集预防措施，减少儿童伤害。二是有利于儿童环境最优化。事前保护机制理念将着眼于儿童和家庭的抗逆力，通过挖掘其周围的优势资源，评估其真实需要，制定支持家庭的方案，以促进儿童和家庭走出困境，使儿童成长环境优化。三是有利于儿童利益最大化。事前保护机制介入程序坚持审慎原则，通过采取保密、筛选和个案管理等方式，保护儿童，防止产生污名，保护儿童利益。四是有利于儿童保护合力最大化。事前保护机制在介入儿童保护过程中，强调与家庭建立起伙伴合作关系，健全家庭功能，维系家庭团结，而不是简单通过司法惩戒来进行，进而可以减少对抗性，提高保护合力。

儿童保护事关儿童切身利益，是守底线制度。事前保护通过风险预判，提事介入和精准保护，具有明显制度优势，采取技术路线为：

一是以大数据为基础，制定和调校儿童虐待风险识别指标。事前保护机制通过对儿童受虐风险进行评估，根据风险等级采取相应措施，对于高风险家庭重点制订支持方案。建立儿童虐待风险识别指标，首先应基于广泛的调研数据或利用大数据技术，提炼风险因素，并研究风险因素与儿童伤害案件的相关性。其次，根据相关性结果，将家庭划分为低度、中度和高度三个风险等级。最后建立儿童大数据平台。儿童虐待风险识别指标的可信度与有效性与数据的代表性和广泛性是密切相关。建立儿童风险监测保护数据库，长期跟踪和收集相关数据，可以不断矫正风险识别指标，增加风险识别指标的可信度和有效性。

二是以标准化为要求，确定和优化儿童防虐机制服务流程。儿童事前保护程序通常包括三个环节：首先是风险评估。社区相关工作人员将根据相关指标对社区家庭进行动态评估，并对家庭儿童成长风险进行等级划分。其次是制定家庭支持方案。社会工作者将为不同风险等级的家庭制定相应的家庭支持服务计划。最后是结案环节。依据保护结果评价指标，对被保护的家庭进行评估，确定风险得到有效化解予以结案。围绕这三个环节，应在实务基础上提炼，并制订标准化程序，且不断优化。

三是以专业化为目标，健全和完善儿童防虐保护相关配套政策。通过建立标准化的评估工具帮助社会服务工作者更准确地判断儿童所面临的风险以及风险程度，精准设计各种风险缓解和化解风险的措施。这就需要完善相关配套法规政策：一是修订相关法规，确定事前保护机制的法律地位。在相应法律法规中，应明确事前保护机制的介入目的、介入对象的类型、介入方法、介入部门职责、干预完成的标准。二是加强社工队伍建设。事前保护机制需要社会工作人员能合理使用风险评估工具，并采取专业性的介入技术。建议一方面应加大政府购买社会组织服务力度，促进社会组织培养专业社会工作者；另一方面加强对现有社区社会工作人员在儿童监测保护方面的专业培训。三是加强服务中心向基层下移。打破原有行政框架，事前保护机制宜采取扁平化管理，建立"全国—省市—社区"管理新模式，即将宏观和协调监管职能上移到全国、省市，将部分社会管理和公共服务等微观职能下移到社区，以优化组织结构和人力资源配置，减少管理层级。

7.2.4　服务流程

（一）风险识别

（1）高风险家庭筛选

高风险家庭标准化定义是将高风险家庭的定义转化成一种可操作性的指标，供社区社会工作人员进行筛选。高风险家庭是指因经济问题、家庭成员的行为问题、家庭结构、环境因素、家中成员的身心问题等，导致生活在这个家庭的儿童有较大概率无法获得适当的生活照顾而使其正常的身心社会发展受到危害的家庭。根据本书对于高风险家庭儿童风险因子分析，将高风险家庭划分为以下六类：第一类是属于儿童自身特质；第二、三类为家庭问题；第四、五、六类为照顾者问题（见表 7 - 3）。

表 7 - 3　高风险家庭类型

类型	特征
第一类	儿童患精神疾病、身体残疾、自闭或其他需要长期服药或治疗疾病的家庭
第二类	家庭关系冲突或者紊乱的家庭，如家中父母或主要照顾者经常争吵、打架、父母离异，或有未婚同居等现象的家庭
第三类	家庭比较贫困、或出现家庭经济主要负担者失业等现象的家庭
第四类	父母或主要照顾者有身心障碍、酗酒、吸毒、嗜赌或者犯罪记录的家庭
第五类	父母或主要照顾者死亡、出走无消息、入狱服刑等的家庭
第六类	隔代抚养的留守儿童、随父母外出务工的流动儿童以及父母经常打骂教育

通过监测体系，监测到儿童家庭出现上述因素，社会工作人员应将这六类家庭列入高风险家庭识别对象中，开展风险识别。

（2）高风险家庭识别

高风险家庭的识别主要根据儿童的身体、行为以及居住环境等进行识别，对于上述六类家庭已经存在虐待的儿童，应启动儿童保护程序；对于上述六类家庭尚未发生虐童的，则启动高风险家庭儿童防虐程序（见图7-1）。

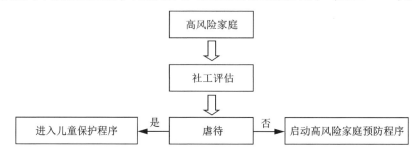

图7-1　高风险家庭识别程序

根据儿童虐待评估指标，对儿童身体、行为以及居住环境出现以下问题的儿童，将定义为儿童虐待，应立即启动儿童保护程序（见表7-4）。虐童的认定主要来自三个方面的标准：一是国家法律法规规定的，如利用未成年人行乞等违反国家相关法律法规的行为；二是从现有的比较严重虐童案例中提取的，如长期将儿童关闭、让儿童长期的遭受饥饿等行为；三是根据儿童意愿或者儿童身体行为特征判定的，如儿童认为其遭受性侵、或者儿童出现从事性交易、残暴倾向的个案。因为这些方面已经超出事前预防的范围，需要转介儿童保护，启动保护程序。对于处于高风险家庭定义范畴的，尚未出现符合儿童虐待识别标准的儿童，社会工作人员应介入提供专业性的预防性服务。

表7-4　儿童虐待识别标准

类型	指标内容
（1）身体伤害	遭不当严重体罚，且已经需要住院治疗；被长期关闭在房子里；被利用在街头上行乞、表演特技等；被利用从事欺骗，偷盗，贩卖毒品，供应管制刀具、枪械等；被遗弃；食物供给不充足，经常性的饥饿；经常性吃野菜或腐烂食品
（2）行为方面	遭受了性侵犯；吸毒；从事性交易；残暴伤害自己或他人
（3）居住环境	居家环境中存在大量危险物品，并且处置随意；流浪，或缺少固定居住场所

（二）风险干预

（1）建立关系

高风险家庭儿童虐待干预既容易被贴上相应的标签，还涉及到家庭的隐私，因此，在风险干预环节，介入组织或人员与家庭建立起信任的关系尤其重要。与高风险家庭建立信任关系应从以下几方面着手：一是合理评估高风险家庭的需求。采取参与式方法，与案主讨论其需要与愿望，在尊重案主的选择基础上，进行适当的优先排序。对于儿童需要的评估则可以适当使用量表、绘本或团体活动进行观察。二是运用同理、接纳、倾听等专业技巧获取案主的信任。会谈时间和地点的选取尊重案主保护隐私的需要。服务过程和沟通工具应避免标签化。三是根据案主需要评估提供实质性的支持，如提供经济补助、就业技巧以及能明显改善案主家境状况的实质性服务。四是澄清服务提供者角色与立场。应以家庭支持者的立场提供服务，降低案主认为"只有有问题的家庭家庭，才需要政府介入"的顾虑。建立信任关系，提供专业性支持服务，尽量降低高风险家庭对高风险家庭服务的敌意是保护机构与人员能和家庭建立合作伙伴关系的重要因素。

（2）介入方法

儿童保护社会工作应回归"儿童"和"社会工作的服务本质"，并构建整合服务模式，建立"伙伴模型"或"社区为本"的儿童保护机制[①]。高风险家庭儿童防虐干预方案应该是一个包括儿童、家庭、社区和社会层面的多层次预防体系。因此高风险干预方法从干预焦点角度可以分为：以儿童为焦点支持方案、以父母或主要照顾者为焦点的家庭支持方案、以社区为焦点的社区支持方案和以社会为焦点的社会支持方案。

一是以儿童为焦点的支持方案。方案目标：增强儿童的自我防护能力。方案内容：该方案可以分为初级预防和次级预防两个体系。初级预防的对象主要是处于高风险家庭的小学生，重点教育儿童如何识别性虐待、躯体虐待等构成要素，既可以采取课程教育的方式，也可以采取行为示范的方式。次级预防主要以团体的方式处理儿童的罪恶感、恐惧和愤怒情绪，以及对其

---

①　刘玉兰，彭华民．西方儿童保护社会工作的理论转型与实践重构［J］．社会工作与管理，2017，17（3）：5-11．

所遇到虐待事情袒露的反应和界限等。除此之外，还应增强儿童在遇到危机时正确处理问题的能力。工作方式：以小组或团队的方式。服务提供者：专业性的社会组织。规范性要求：开发以增强儿童能力为目标的培训手册。

　　二是以父母或主要照顾者为焦点的家庭支持方案。方案目标：增强父母对儿童发展的认知，提升家庭福祉。方案内容：该方案可以分为初级预防和次级预防两个体系。初级预防体系主要对高风险家庭父母或主要照顾者开展相应的教育训练，提升父母在亲子关系方面的态度，以及增强父母处理亲子关系的技巧和亲职职责。次级预防以高风险家庭为单位，开展需求评估，并整合资源为家庭提供家庭维系服务。工作方式：以小组和个案方式开展，家庭教育训练以小组或团队方式为主，家庭维系服务则主要以个案方式开展。服务提供者：专业性社会工作人员和社会组织，教育训练可以由专业性家庭教育服务组织提供，家庭维系服务则应由专业性社会工作人员提供。规范性要求：科学合理的家庭教育培训手册和标准化的个案管理程序。

　　三是以社区为焦点的社区支持方案。方案目标：增强高风险家庭的社会资本、社会支持和社区融入，增加家庭福祉。方案内容：该方案可以分为初级预防和次级预防两个体系。初级预防通过组建自助或互助组织为高风险家庭提供社区支持体系。社工通过对社区的各种资源进行挖掘，以各种方式协助建立匿名团体或互助组织。次级预防由社区提供涵盖父母亲子技巧、压力管理技巧、自我肯定训练、就业辅导、婚姻咨询、儿童健康服务等方面的综合服务。工作方式：社区工作方法。服务提供者：社区专业性社会工作人员。规范性要求：制定科学的成效评估方案。

　　四是以社会为焦点的社会支持方案。方案目标：降低高风险家庭的社会压力，增加高风险家庭福利。方案内容：该方案可以分为初级预防和次级预防两个体系。初级预防通过出版家庭教育方面的刊物、或支持父母或主要照顾者的就业能力等方案，提高风险家庭应对危机的能力。次级预防则是通过制定或完善相应的法律法规，为高风险家庭提供现金和服务支持。工作方式：社会工作行政。服务提供者：政府相关部门。规范性要求：以社会为焦点的社会支持方案应与家庭层面的需求结合。

　　针对六类风险，四种风险干预方法侧重点也是有所不同的（见表7-5）。

表 7 - 5　风险介入技术表

		第一类	第二类	第三类	第四类	第五类	第六类
儿童	初级		√		√	√	√
	次级	√	√	√			√
父母	初级		√	√	√		√
	次级	√	√		√	√	√
社区	初级	√	√	√	√	√	√
	次级		√	√	√	√	
社会	初级		√		√		√
	次级		√		√	√	

（三）结案标准

高风险家庭服务方案结案有两种情况：第一种情况是通过高风险家庭服务方案，家庭功能明显增强，虐童的风险降低。第二种情况是在提供高风险家庭服务方案过程中，发生了儿童虐待事件，应转介至家暴或者儿童保护中心。第一种情况的结案标准以高风险家庭危险因素改善的客观指标为主，并辅以服务对象与服务提供者对于对家庭支持功能、儿童虐待风险和家庭资源的评价。高风险家庭危险因素改善方面，如失业人员重新就业，照顾者的不良习惯得到矫正等。家庭支持功能增强方面，如亲职功能改善、家庭资源得到补充、居住环境得到改善等。儿童虐待风险降低方面，经家庭成员和服务人员以及督导评估实质性降低。第二种情况是高风险家庭服务方案提供过程中，发生了儿童虐待事件，应转介至儿童保护机构，予以结案。

（四）风险反馈

风险反馈是在实务过程中社工对于高风险家庭风险识别与干预方法进行反馈或反省。根据各地反馈情况，高风险家庭服务方案被不断进行修正和完善。风险反馈主要包括三个方面的反馈：

一是对风险因子的反馈。社工以实务为依据对风险因子的识别情况进行反馈：一方面应反馈风险因子识别准确率，包括虚假的正向结果情况，即非危险家庭被评估为高风险家庭；虚假的负向结果，即高风险家庭被判断为安全。另一方面应反馈风险因子对虐待类型识别精准性，风险因子与各类型虐待之间的概率关系。

二是对风险干预方法的反馈。社工根据实务对风险干预方法的效果进行反馈：一方面应反馈有效的正向经验，包括家庭访视、建立关系、实质的经济与物质补助、案主参与、非正式社会资源的连接等正向经验。另一方面反馈干预效果不佳的工作方法，尤其是对于政府或社会组织投入大量资源但是在防虐方面效果欠佳的服务方法。

三是对风险干预的专业反省。社工根据实务对风险干预进行一些专业反省，具体包括：干预过程遇到伦理困境方面的反省，如社工对在保护家庭隐私和尊重案主意愿出现困境时的处理方式反省。以及干预过程中的理论与价值反省，干预应基于什么样的理论与价值假设才能有效地降低高风险家庭儿童虐待概率。

7.2.5　保障措施

（一）加强扁平化组织机构建设

高风险家庭儿童防虐既是一个涉及多部门的系统工作，也是一个增加家庭和儿童福祉的福利工作。建立专门性的儿童虐待预防机构是美国等国家普遍采取的方法①。因此，高风险家庭儿童防虐工作开展需要建立一个综合性的服务中心。鉴于是一项福利事务，机构建议设在民政部门。

传统组织理论认为，由于管理者受精力、知识、能力、经验的限制，所能管理的下属人数是有限的。因此，唯有增加管理层次才能实现对人员的管理和控制。然而现代信息技术的发展使得信息、知识的共享可通过计算机网络得以完成，沟通的顺畅直接导致原先承担上传下达任务的中层管理人员人数的大大减少，带来"中层革命"。随着环境迅速变化，组织将尽可能地分散成若干相对独立的较小组织，并将决策权下放，基层组织充满活力，以应对各种突变和适用各种变化。随着组织结构的扁平化，管理人员将减少，管理幅度将增大，决策更多地依赖成员自己做出，因而组织必然要下放权力。

---

① 沈娟，蔡迎旗. 美国儿童虐待的法律保障——以佐治亚州"儿童虐待示范立法协议"为例[J]. 学前教育研究，2013（5）：3-6.

建议中心采取扁平化设置，实行采取"全国—省市—社区"管理新模式，即将宏观和协调监管职能上移到全国、省市，将部分社会管理和公共服务等微观职能下移到社区，相应优化组织结构和人力资源配置，减少管理层级。各层面的具体工作范围为：

全国层面机构的工作包括：一是促进相关法律法规颁布，为高风险家庭儿童防虐服务提供制度支持。二是建立和维护信息平台，为全国各地高风险家庭儿童防虐服务提供技术支持。三是组建数据分析中心，为高风险家庭风险因子识别和干预方案优化提供专业性支持。四是对接全国性社会资源，根据系统识别的需要与国际性基金、国内大型基金以及专业性社会组织对接，为高风险家庭风险干预提供资源支持。五是促进跨部门工作，将高风险家庭支持纳入人社、司法、妇联、残联等相关部门的工作中。六是开展评估工作，每年根据相应的指标，委托第三方对各地高风险家庭儿童防虐成效开展评估。七是推动将高风险家庭儿童防虐服务纳入全国财政预算，每年按照高风险家庭儿童数量获得相应的经费。经费以各地成效评估为基础，按照一定的拨款公式下拨给各地。

地方层面机构一般设立在省级，具体的工作包括：一是贯彻落实全国性的法律法规。二是根据地方需要，在全国方案基础上制定符合本地儿童防虐保护需要的方案，如湖南、江西、四川等地可以强化留守儿童的保护。三是对接地方社会资源，根据地方高风险家庭儿童保护需要，与地方性的基金会和社会组织对接，以获取相应的技术支持。四是协调跨部门工作，推动相关部门对高风险家庭支持工作。五是开展评估工作，每年根据相应的指标，委托第三方本地高风险家庭儿童防虐成效工作进行评估。六是获取地方财政支持。各省以各街道的高风险家庭防虐服务效果为基础，根据一定的拨款公式将中央财政和地方财政支持的资金拨给各街道。

社区层面工作具体工作包括：一是按照辖区儿童数量配备专门性的青少年社工；二是提供终端设备，为青少年社工提供具有隐私保护的终端设备；三是根据风险干预程序，开展高风险家庭防虐服务；四是完成终端录入工作，根据干预过程，将干预相关记录、图片等录入系统。

（二）加强集成信息平台建设

高风险家庭防虐服务是一个综合性的服务，其有效的运行需要建立全国性的信息平台。信息平台建设需要以儿童利益最大化为中心，为全国各地高风险家庭儿童防虐提供快捷、便利、有效的服务。

高风险家庭儿童防虐信息平台建设基本原则是以"儿童利益最大化"为中心。信息化平台不仅是一个数据录入与收集的平台，而且更应是一个为高风险家庭提供支持性服务的平台。社工能按照高风险家庭的需要和意愿，制订出个性化的支持方案。高风险家庭儿童防虐支持平台的硬件设施完善具体应有以下技术支持：一是能根据高风险家庭需求建立相应风险因子结构与需要模型。由于需要为不同的高风险家庭提供有针对性的支持服务，因而需要对用户的风险因子与需要信息进行结构化描述，构建出反映用户特点的风险因子结构和需要模型。二是能为不同的服务方案提供相应的介入技术支持。平台应具有聚类技术，能根据同类或相似风险因子结构和需要模型提供推荐方案。系统本身应吸收当前人工智能领域的技术，具有较高的自适应技术。三是加强隐私保护。隐私保护是高风险家庭防虐体系信息系统中的关键要素。平台应能保护高风险家庭的隐私，同时还应用较为先进的网络安全技术，以实现对高风险家庭隐私的保护。四是为运行管理人性化提供技术支持。管理因素包括可用性、可管理性和可扩展性。可用性主要体现在对服务器的要求，应达到"24×7"不停机、无故障、无堵塞运行的要求。可管理性要求硬件件便于拆装、维护和升级，并具有方便的远程管理和监控功能。选择服务器时应考虑系统的可扩展能力，即系统应该留有足够的扩展空间，以便于随业务应用增加对系统进行扩充和升级。

高风险家庭儿童防虐信息平台应是一个集成平台。高风险家庭信息平台的应用系统不应只注意眼前的应用，而忽视了应用系统的发展所带来的性能问题、稳定性问题、伸缩性问题、不同应用系统间的互联问题以及向更新的技术手段迁移等问题，因而导致了升级、扩容、改造频繁，不断打补丁，破坏了原有应用系统的整体和层次架构，最终走入困境。因此，高风险家庭防虐信息平台充分利用较为先进的技术，做到应用系统结构层次清晰、分离。高风险家庭儿童防虐信息平台应包括高风险家庭服务流程系统、高风险家庭内容管理系统、高风险家庭信息交换系统、高风险家庭社会资源对接系统、高风险家庭大数据分析平台、高风险家庭表单管理系统、高风险家庭终端平台（见图 7 - 2）。各系统的具体功能如下：

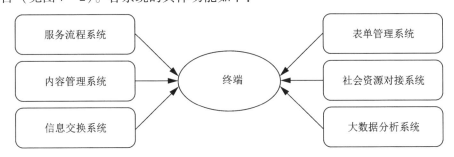

图 7 - 2 高风险家庭儿童防虐信息平台

一是高风险家庭服务流程系统为高风险家庭儿童防虐服务提供工作流程技术支持。该平台是底层平台，确保高风险家庭防虐服务的程序的标准化和规范化。由于采取统一的流程，不同部门以及不同系统可以共享工作流引擎，具有统一的待办工作、流程跟踪等功能。流程的规范化和标准化也有助于数据的采集与分析。

二是高风险家庭内容管理系统为高风险家庭儿童防虐服务方案内容管理提供技术支持。内容管理引擎对各种内容（包括文档、图片、html、pdf）进行存储，并能管理其产生和发布过程。利用全文检索引擎，内容管理系统可以对所管理的内容进行全文检索。内容管理系统向应用系统提供标准的内容访问 API。通过门户系统，可以将内容动态地发布，并进行个性化的定制。内容管理系统里面还包括了个性化引擎和规则引擎。个性化引擎为用户保存个性化的信息，并根据个性化的信息为不同的用户提供不同的服务。规则引擎使系统用户可以自定义规则，并把该规则应用于个性化显示等不同的方面。内容管理系统还包括了各种文件格式转换组件。

三是高风险家庭信息交换系统为在不同部门和系统之间的信息交换提供技术支持。高风险家庭儿童防虐服务主要提供预防虐待服务。防虐服务中涉及转介服务：一方面是将防虐中的部分服务转介给专业性的组织；另一方面是将涉虐的服务对象转介给儿童保护机构。信息交换系统就是高风险家庭信息能利用该平台进行跨部门合作和跨系统信息交换。

四是高风险家庭社会资源对接系统为获取社会支持提供技术支持。高风险家庭社会资源对接系统整合高风险家庭的需求，从社会获得资源的平台。社会资源对接系统一方面向社会发布高风险家庭的各项需要，尤其是向基金会等社会组织；另一方面提供对基金会等社会组织的防虐服务的成效评估。

五是高风险家庭表单管理系统为基层工作报表等方面提供技术支持。该系统为高风险家庭服务方案提供统计报表、创建表格、打印以及初步统计分析功能。社工以及其他分析员可以根据其需要建立自己的应用，而这个过程只需要通过定义相应的表单和工作流程就可以完成。

六是高风险家庭大数据分析系统为高风险的风险因子识别与服务方案优化提供技术支持。大数据分析平台属于系统的高级平台，只对授权的专业技术人员开放，负责对风险因子、风险因子与虐待类型关系、有效方案选取等方面分析工作。通过大数据分析高风险家庭内容管理系统终端。终端是以上述六个系统为支撑，以 APP 形式存在，要求可以兼容安卓、苹果和微软操作系统，既可以在手机上操作也可以在电脑上操作。终端的基本用户包括两类：社区工作人员和方案支持专家。不同类型的用户在系统上具有不同的任务或者权限。设置在终端功能方面主要分为四大模块：（1）儿童风险监测与支持模块，该平台主要是为社区工作人员使用。社区工作人员对社区儿童资料进行采集，系统根据社区人员资料采集，评估儿童风险程度，并根据风险程度提供干预方案菜单。在制定干预方案后，社区根据系统提升定期对干预方案和受保护儿童进行评估，直至结案。（2）儿童风险识别与支持模块。在该模块专家反复通过系统的收集资料，分析儿童环境中的风险因子以及该因子与儿童风险之间的关系，进而根据这种关系建立和修正风险识别指标，并不断优化支持方案菜单。（3）儿童保护社工增能模块。在该模块将为社区社会工作人员提供儿童保护专业性学习与案例分享。（4）儿童保护管理与反馈模块。该模块将为社区工作人员提供其所干预的各个案例的情况（包括是否结案，方案是否有效等）以及其介入方案的下载打印等服务。

（三）加强专业化服务保障

高风险家庭儿童防虐服务是一项专业化服务，要提供专业化服务就需要从社工角色、薪酬等各方面进行优化。

首先是要促进社工的角色转换。高风险家庭支持方案要求社工根据高风险家庭的个性需要提供支持方案，因此，社工的角色将由原来的信息收集者向资源建构者转变。这就对社区社工的工作任务和工作角色提出新的要求。一是要降低事务性活动占社工日常工作的比例。当前我国社工由于对接部门较多，需要上交的材料也较多，因此，社区社工大部分时间用在表格录入和材料准备上。本书设计的高风险家庭儿童防虐平台充分利用了电子平台，社工在对高风险家庭需要评估的文字和图片都可以即时存入系统。年终考核或者平时需要参与其他评选工作都可以根据自己的需要从系统中定做相应的表格或文档，然后直接打印即可。这在很大程度上减轻了社工的录入和整理材料的日常性工作。二是要促进社区社工积极承担高风险家庭支持方案的制定角色。在高风险家庭防虐方案中，社区社工被赋予提供高风险家庭儿童防虐服务职能。这要求社区与社工的职能发生变化：首先社区工作需向"全员社工"转变。高风险家庭防虐服务不是某一个社工的工作，而是一个系统的工作。在系统的每个岗位都要求熟悉社会工作方法和理论。因此，社区所有的工作人员应该向具备掌握社会工作方法的工作人员转变。其次积极承担建构的角色。高风险家庭防虐服务强调需求导向和资源导向相结合。需求导向主要以了解高风险家庭需要为主，资源导向是以根据高风险家庭自身资源、家庭资源和社区资源进行支持性方案设计以达到满足高风险家庭需要为主要工作方法。这就要求社区工作人员，在高风险家庭风险平台协助下，结合高风险家庭的需要和资源进行支持性方案设计。

其次要公开招聘专业青少年社工。社工是影响高风险家庭防虐服务质量的关键要素。但是目前社会工作人员普遍存在"专业的不职业、职业的不专业"现象，这将制约高风险家庭防虐服务发展。为提升基层青少年社工的专业素质，需要公开招聘一批专业社会工作人员来充实服务队伍。具体可以分为几大步骤：第一，制订社会工作人员匹配标准。当前有些地方社会工作人员匹配标准招聘社会工作人员。高风险家庭防虐服务社工应该根据高风险家庭数量和儿童虐待风险程度进行匹配社会工作人员。在匹配过程中还应该考虑城乡差异。第二，测算社会工作人员数量。社会工作拟招聘人员数量应该根据高风险家庭数量发展趋势制订招聘规划。招聘规划可以分为长期规划和短期规划。长期规划一般以五年或十年为期限。短期规划只制订在一年以内招聘人员数量及其具体要求。第三，确定招聘程序。一般招聘程序分为笔试和面试两个部分。当前较多社区工作人员考试以公务员考试内容为参照，这与高风险家庭儿童防虐服务的专业素养不相符。建议笔试考试主要考察社会工作基本理论和方法，而面试主要考察应聘人员基本技能。第四，公开发布招聘信息。当前很多社会工作人员招聘信息以小广告形式发布，这不利于吸收优秀社工人才。社会工作人员招聘信息应该在社会工作招聘网络上进行发布。第五，组织考试和面试。笔试和面试应坚持公开公正原则。试题可以组成命题小组建立题库，采取随机抽选原则。面试可以委托相关社会公司进行。

最后要优化青少年社工职业发展。高风险家庭防虐服务工作吸引社会工作人员参与，一方面可以从薪酬方面进行吸引；另一方面可以通过合理发展方案培养、激励和吸引员工。具体可以从以下几个方面进行完善：第一，要科学制订培训计划。社会服务工作人员培训计划需要准确把握两个要素：培训需要和培训方式。因此一个科学的培训计划一方面精准把握社工的培训需要，应该对高风险家庭防虐工作相关的各项技能进行分析，并扩展到一些需要得到提高的需要；另一方面精准确定培训方法。现在社会服务工作人员培训方法有在职培训、内部培训、社会组织培训和大学院校培训。在职培训、内部培训和师傅辅导培训是社会工作培训中比较有效的培训方式。第二，要确定技能等级或技能资格的认证与再认证。技能等级或技能资格的认证应该包括认证者、认证所包含的技能水平以及认证方法。根据认证者来源可以分为内部认证和外部认证。内部认证主要由上级和同事进行认证，外部认证主要是由大学、社会组织以及政府发起的考试和认证计划。青少年社会工作人员技能基本上可以分为三个等级：初级技能、中级技能和高级技能。在内部认证方式上，纸笔测试是成本较高的测试方法，因此主要在高级技能上采用。在外部认证上，提供高风险家庭防虐服务的社工应该基本上都取得社会工作师的资格证。而大学院校课程认证适合于高级技能认证。第三，要建立高风险家庭防虐服务督导制。当前我国社会工作整体还处于一个探索阶段，社会工作本土化理论和实践还不足。因此，即使是社会工作专业毕业的学生也存在理论和实践方面的不足。为提高社会工作人员理论与经验水平，建议建立社会工作督导制。社会工作督导既可以是从相关领域聘请专家兼职督导，也可以从社会工作队伍中聘请理论和经验丰富的人员全职担任。

总之，高风险家庭防虐服务是一项精细工作，不可能一蹴而就，需要在各个环节进行精细设计。

7.3　高风险家庭儿童防虐体系平台建设实践

课题组在湖南等地开展了高风险家庭儿童防虐体系平台建设实验，虽然制度未成体系，但还是取得显著成效。

7.3.1　留守女童保护平台建设

（一）项目背景

据女童保护基金 2018 年性侵儿童案例统计及儿童防性侵教育调查报告数据显示，2018 年全年媒体公开报道的性侵儿童案例 317 起，受害儿童超过 750 人，其中遭遇性侵人数中女童超九成，12～14 岁年龄段儿童受侵害比例最高。且随着互联网的发展，利用网络性侵儿童的案例呈高发严峻态势。基于此种现状，开展女童防性侵知识宣讲、建立女童性侵案件排查化解机制意义重大。自引进女童保护项目以来，常德市妇联主动作为，在女童保护防性侵普及方面探索了一些经验：建立机制，强化制度保障。源头发力，实现项目运作制度化。将女童保护项目开展情况纳入区县（市）妇联绩效考核，指导各地开展女童保护进基层活动。出台《常德市妇联预防性侵未成年人、维护女童人身权益工作机制（试行）》文件，对建立和完善重点人群、家庭排查和关爱服务机制、妇女儿童侵权案件的发现报告机制、多部门联防联动机制、上下联动的妇女儿童舆情应对机制、妇女儿童侵权案件推进工作督查制度等五项机制的详细内容进行明确。市妇联为牵头单位，负责行动日常实施，协调队伍建立和制度的运行。各相关部门根据职责各有明确分工，部门联动为女童提供全方位保护。常德市各级妇联组织受理儿童侵权案件时，积极推动执法部门、司法机关依法打击、严厉惩治违法犯罪行为，共同做好受侵害女童"一站式"取证和保护工作，最大限度保护她们的隐私，避免和减少对受害人的二次伤害。

（二）项目实施

建立和完善重点人群、家庭排查和关爱服务机制。定期开展排查活动。各级妇联组织要依托村级妇联干部、妇联执委及巾帼志愿者组建巾帼排查队伍，可采取"一对一"、"一对多"或"多对一"帮扶方式，以电话问候、微信联系、上门访问等形式，每月至少开展一次摸底排查活动，重点了解掌握辖区内留守、贫困、残疾等重点儿童及家庭面临的困难和问题，对于摸排掌握到的性侵害线索、女童权益侵害线索及时发现、及时报告、及时处置。同时，要充分运用智慧妇联程序，每月及时上报问题线索和活动信息，依法维护儿童合法权益。开展关爱服务活动。充分发挥妇联专兼职干部、执委、巾帼志愿者及女性社会组织、团体会员作用，利用现有的妇女之家、儿童之家、知心屋等活动场所，开展针对性强、精准度高、内容丰富、形式多样的关爱服务活动；组建"爱心妈妈"志愿者团队、心理咨询志愿服务团队等，定期开展三八、六一系列关爱和心理辅导活动，积极为女童提供关爱服务；加强对家长、监护人的家庭教育指导，举办形式多样的家庭亲子活动，努力推动社会保护，搭建便于社会各界共同参与的女童权益保护平台。

建立和完善妇女儿童侵权案件的发现报告机制。建立强制报告机制。巾帼排查队伍、基层妇联干部在每月排查活动、日常走访、服务中，发现侵害儿童权益，特别是性侵、虐待等侵犯女童人身权利的案件，要第一时间报警，同时向同级党组织负责人和上级妇联报告，并通过智慧妇联程序上报问题线索。落实报告主体责任。要严格落实首接责任制和属地负责制原则，妇女儿童维权案件发生地的妇联组织，是推动依法维权和服务的责任主体，当发现线索或接到咨询投诉后，要主动调查了解情况，及时向本级党委政府和上级妇联报告，能够提供的帮助和服务要第一时间提供，超出本级妇联能力范围的，积极与案件相关部门对接，推动相关部门依法维权。明确强制报告内容。报告责任人应报告以下信息：报告人身份、职务信息，未成年人基本情况，报告人了解的未成年人（疑似）遭受性侵害、权益受不法侵害的情况。报告责任人应对报告信息内容予以保密，对违法窃取、泄露报告事项、报告受理情况及报告人信息的，依法依规予以严惩。

开发和建立智慧妇联守护女童平台。常德市市妇联已在 2019 年创建智慧妇联 APP，已导入全市 33 个市级妇委会、162 个县级妇联、174 个乡镇妇联组织、2268 个村级妇联组织、27793 个妇联人员信息，开启了"互联网＋妇联"工作新格局。在项目支持下，常德市妇联开发了留守儿童安全排查小程序，并将程序嵌入到常德"智慧妇联"平台中。各级妇联组织依托村级妇联干部、妇联执委及辅警、巾帼志愿者组建巾帼排查队伍，采取"一对一"、"一对多"或"多对一"帮扶方式，以电话问候、微信联系、上门访问等形式，每月至少开展一次摸底排查活动，重点了解掌握辖区内留守、贫困、残疾等重点儿童及家庭面临的困难和问题，对于摸排掌握到的性侵害线索、女童权益侵害线索利用信息平台和手机 App 录入，及时发现、及时报告、及时处置，见图 7 - 3。涵盖心理疏导、家庭教育、困境帮扶等一系列内容，构建起了"排查上报＋线上维权＋关爱服务"的女童保护工作新模式。

图 7 - 3　留守儿童守护平台

开展女童权益保护宣讲三年行动。常德市市妇联与市教育局、市检察院联合开展女童权益保护宣讲三年行动，制定《2020 年常德市"女童权益保护"百场宣讲活动方案》、下发《2021 年常德市"女童权益保护"百场宣讲通知》，充分利用"开学第一课"，通过组织志愿者讲师深入辖区内部分小学学校、村（社区）妇女之家、家长学校，面向学生、家长，广泛开展女童保护公益课程宣讲，2020 年全市共开展女童权益保护宣讲 171 场，覆盖儿童30349 名，3000 余名家长接受女童保护知识宣传，在全市营造起了保护女童的浓厚社会氛围。自 2017 年以来，我市共开展 500 余场次宣讲课程，10 万余名儿童受益，印发《女童保护手册》10 万册已全部下发。

（三）队伍建设

开展线上排查专题培训，建立基层排查服务队伍。为确保女童保护线上排查工作取得实效，市妇联先后组织开展了两次面对面功能操作培训。各县（市）区妇联组织培训 21 场次。市本级发布线上操作小视频，制作留守儿童安全线上排查应用说明 ppt 供学习参考。

开展"女童权益保护"培训，建立志愿服务队伍。市妇联、市教育局、市检察院联合下发《关于开展"女童权益保护"志愿者讲师培训的通知》，对全市 50 名讲师进行培训，面向全市培训一批女童权益保护公益教育师资。目前，自 2017 年"女童保护"工作开展以来，全市已有女童权益保护志愿者讲师 150 名。

（四）资源整合

基层妇联组织加强与综治、教育、公安、检察院、法院、民政、残联等部门的信息沟通、情况通报、研判会商，形成风险联查、问题联治、工作联动、平安联创的工作合力。常德市妇联在智慧妇联开通排查信息报告平台，村、社区妇联干部依托每月排查活动，及时掌握辖区内未成年人权益受侵害的信息，并上报至智慧妇联信息报告平台。县、乡妇联组织联合综治、教育、民政、公安、检察院、法院、残联等部门，对问题线索进行核实调查、研判会商，落实相关救助扶持政策措施，协调解决问题，持续跟进服务，依法维护儿童合法权益。

如津市药山镇杨坝垱村妇联就在留守儿童安全排查中，发现本村留守儿童刘林源，父亲去世、母亲杳无音讯，爷爷中风在床，唯有奶奶靠政府救济和务农支撑家庭，刘林源学习、安全都无法保障。药山镇妇联将情况上报至智慧妇联，常德市、津市市妇联迅速行动，督促学校、镇政府将其纳入重点关爱对象，并送去慰问物资 5000 元，委派妇联执委每月定期上门走访关爱 2 次以上。

（五）服务成效

常德市妇女联合会在省妇联及市委、市政府的正确领导下，围绕中心、服务大局，深入基层、服务妇女，扎实有效开展各项工作。省妇联拨付的经费能够合理合规地进行使用，依托智慧妇联 app，建立排查机制，实现数据上报分析，无缝排查女童性侵等危害儿童人身权益案件，填补了留守儿童家庭安全监护缺位的问题，织密未成年人防护网络，维护合法权益。截至 2021 年 5 月，已完成 48145 名留守儿童数据导入，率先建立起了全市留守儿童数据库，其中女童 23137 名，男童 24727 名。常德市各区县（市）排查工作已正常开展运行，各级妇联通过系统排查儿童 14075 名，上报工作内容 138 条，涵盖心理疏导、家庭教育、困境帮扶等一系列内容，构建起了"排查上报 + 线上维权 + 关爱服务"的女童保护工作新模式。

7.3.2 "一站式"保护模式

（一）项目背景

由于诸多因素，性侵儿童案例难以全部被公开报道和统计，被公开的案例仅为实际发生案例的冰山一角。一起性侵儿童新闻的曝光，或许意味着 7 起案件已然发生。中国遭遇过不同程度性侵的儿童据此估算每年约有 2500 多万，大约每 100 个儿童里就有 8 个曾遭遇过。近年来，公安部、最高检、全国妇联等部门多次就保护未成年人，严厉打击儿童性侵犯罪发文发声。倡导公安、检查院和妇联等部门建立合作机制，对性侵未成年人的案件，探索实行"一站式"取证，保障有效惩治犯罪，推动涉案未成年人司法保护制度落实。妇联组织参与到儿童性侵预防与干预工作，能够推动专业化办案和社会化保护配合衔接、有机结合。各部门既担当尽责，又紧密合作，共同织密妇女儿童保护网。根据未成年人被害人关爱工作的需要，结合各部门工作职能，建立由市委政法委、市公安局、市人民检察院、市司法局、市卫健局、市教育局、市民政局、市妇联、专业社会组织共同参与的未成年人关爱联动工作机制，建立四个工作机制：一是联席会议机制。"宁姐姐"一站式女童关爱中心项目办公室定期、不定期组织召开联席会议，共商预防和保护未成年人被性侵害工作；每半年召开一次由各成员单位分管领导或相关人员参加的工作例会，总结试点工作经验，协调解决具体问题和困难。二是信息共享机制。在保护当事人隐私的前提下，各单位加强工作联系和交流，促进未成年人保护工作向纵深推进。三是业务培训制度。各成员单位积极邀请有关专家、学者，开展业务培训，逐步完善培训制度，提高工作人员及整个社会预防和保护未成年人被性侵害的能力。四是法制宣传制度。各成员单位应利用法制宣传日、三八国际妇女节、国际消除对妇女的暴力日等，深入社区、乡村、学校，就预防和保护未成年人被性侵害、未成年人受害人的救济渠道、典型案例等进行宣传，营造保护未成年人的良好社会氛围。

（二）项目实施

设立一站式女童关爱中心。在宁乡市公安局刑侦大队一楼建设"宁姐姐"一站式女童关爱中心。一站式关爱中心按未成年人身心特点，模拟家居环境设立询问室、休息室、心理疏导室、治疗检查室四个功能室。实现问询、心理疏导、医疗检查、一站式取证、关爱、救助服务。

出台多部门联合工作制度。召开两次联席会议，联合宁乡市委政法委、公安、检察、教育、司法、卫健等8个部门印发了《"宁姐姐"一站式女童关爱中心项目实施方案》的通知。在总结项目目前运行的经验上，正着力推动公安和检察机关共同发出一站式取证办法，规范询问制度，避免二次伤害。

开展儿童防性侵害宣传教育。未成年人性侵害预防大于惩处，这是"宁姐姐"项目一直以来的理念。在建设"一站式"取证中心的同时，宁乡市妇联大力推进预防未成年人性侵害宣传。与教育部门一起，向全市的未成年人家长发出了预防性侵害的公开信；把防性侵害教育纳入进学校德育的重要内容；对全市义务教育阶段276所学校3000多名班主任进行培训，为全市的3097个班级122154名学生开展了防性侵讲座；举办了防性侵专题赛课活动，聘其中获奖的349名的老师为巾帼志愿者保护未成年人的宣讲师；精心制作了防性侵害家长版微电影《当心，宝贝》，通过新媒体向家长进行宣传，点击量累计突破20万。

（三）队伍建设

宁乡妇联一直致力于儿童"五防"教育，特别是"防性侵"教育，在长沙市妇女儿童活动中心支持下，培养了一批本地的专业性教育志愿者讲师。组建合适成年人（心理疏导师）团队。宁乡市妇联招募选任20名符合条件的志愿者成立了一支以心理咨询师为主体的合适成年人（心理疏导师）队伍，并请老师对合适成年人进行了专业培训。目前，已经一站式陪同询问未成年人 55 名，开展了 15 次心理疏导，最大限度实现对未成年人司法保护和人性关爱，极大的支持了公安的取证工作，抚慰帮助了未成年人受害人。2020 年 8 月，5 岁的小女孩小米在公共卫生间被猥亵，在询问的过程中，即使有家长陪同，也不愿意开口。后来，在心理咨询师的安慰下，小女孩开口讲述了经过。咨询师同时告知父母，小米的紧张害怕是暂时的，父母多肯定她的勇敢，多陪伴她，情绪会自然消褪的。

（四）资源整合

除去项目资金 8 万元外，在项目上的投入共计 16.1 万元，其中宁乡市妇联 12.6 万元，公安部门 3.5 万元。培育了一批从事家庭服务的社会组织。心悦坊婚姻家庭咨询服中心、润馨婚姻家庭咨询中心、润灵婚姻家庭综合服务中心、启善德家庭综合服务中心等在宁乡妇联的支持下成长起来，专业服务妇女儿童与家庭，与妇联联系紧密。妇联组织参与到儿童性侵预防与干预工作，能够推动专业化办案和社会化保护配合衔接、有机结合。各部门既担当尽责，又紧密合作，共同织密妇女儿童保护网。多部门多专业人员一起工作，提升了妇联组织维护妇女儿童权益的专业化、权威性和法治化水平。

（五）服务成效

最大限度保护和关爱了被性侵害未成年人。"一站式"女童关爱中心的建立，使未成年人性侵害取证有所突破，一次取证避免"二次伤害"，从而更有利于惩处犯罪，也方便为未成年人提供全面的司法保护和救助。如被村上老头性侵的女孩小芳，案件结束后不能回归正常的学习和生活。宁乡市妇联派出心理咨询师跟她每周沟通，慢慢的她可以帮家人做家务，并能和弟弟妹妹交流，在学校也能沉下心去学习了。

全社会预防儿童被性侵意识显著增强。通过多部门合作，通过讲座、视频、公开信等各种形式向社会宣传预防未成年人性侵害知识，全社会预防未成年人性侵害的意识增强。如 2021 年 3 月，一个 12 岁女孩被亲生父亲猥亵，女孩出门后立马报警。

建立了一支相对稳定的未成年人保护工作专业人才队伍。公安和检察成立了一支未成年人办案队伍；妇联成立了一支 20 名，以心理咨询师为主体的合适成年人（心理疏导师）队伍；在教育系统形成了一支 349 人，水平较高的稳定的宣讲师队伍。

7.3.3　施暴人综合干预与教育矫治服务实施与评估

（一）项目背景

从浏阳多年来开展反家庭暴力实践中看出，家庭暴力案件中的施暴者大致分为只打家人型、反社会型、边缘型，总体存在较多的心理问题和较高的精神障碍检出率，他们的心理症状与家庭暴力行为因果交织，形成恶性循环。针对这一社会现象，对施暴者开展综合干预与教育矫治，旨在从人文关怀的角度出发，对施暴者除必要的惩治和教育外，相关部门更应该给予他们心理干预、医学干预和社会支持等心理疏导。浏阳市妇联拟通过项目的有效实施，扭转施暴者的认知偏差，改善其心理特质，帮助建立平等、尊重、接纳、信任关系，营造和谐的家庭氛围，促进家庭关系的良性发展，从根本上防止家庭暴力的再发生与传递，进一步维护社会和谐与稳定。

（二）组织领导

为保障项目有序进行，浏阳市妇联在组织领导方面采取以下举措：一是成立领导小组。由市政府妇儿工委办牵头，建立了由妇联、公安、司法等多部门组成的项目实施工作领导小组。二是制定实施方案。在充分听取基层一线维权干部对受害人保护与施暴者干预一些好的做法、经验与建议后，以市政府妇儿工委办牵头制定并下发了《浏阳市关于开展"关爱家庭·构建和谐"施暴者综合干预与教育矫治服务项目实施方案》，以确保项目运行有序。三是加强部门督导。项目实施以来，浏阳市妇儿工委办积极发挥指挥与协调职能，联合市人民法院、公安、司法、妇联等单位从强化本系统相关职责职能和督导方面着手，将工作落到实处，建立职责清晰的工作格局。

部门共同职责：家庭暴力案件首次接访机构按照要求填写好《亲密关系暴力信息收集表（施暴者）》《家庭暴力施暴者危险性评估测试表》，并提出干预建议，做好痕迹化管理。做好家庭暴力案件信息共享与通报工作，及时将高危家庭暴力案件接处情况分级通报领导小组办公室，以便做好案件防范和处理、筛查、分流干预等协调联动工作。在各自职责范围内开展反家庭暴力宣传教育，普及反家庭暴力知识。

部门职责：

公安部门：

1）按照《"110"接处警规则》的有关规定对家庭暴力求助投诉及时进

行处理。

2）依照《反家庭暴力法》相关条款，对符合出具家庭暴力告诫书情形的，应尽可能向施暴者出具并送达告诫书，起到警示教育作用。并对收到告诫书的施暴者进行查访，监督施暴者不再实施家庭暴力。

3）对于人民法院已确认颁发人身安全保护令的家庭暴力案件，应协助人民法院执行人身安全保护令。

4）特别关注自处或转介案件中涉及有犯罪前科、多疑偏执、吸食毒品、酗酒成瘾等特殊对象的教育矫治、跟踪回访等工作。

法院：

1）发挥妇女儿童维权合议庭作用，依法审理因家庭暴力引起的侵权、婚姻、抚养、继承等民事案件。

2）加强对施暴者的关注度，对符合申请人身安全保护令情形或条件的家庭暴力案件，及时下达人身安全保护令，并对施暴者进行教育与矫治，以起到警示作用。

司法部门：

1）对高危家庭暴力案件中的施暴者做好教育矫治、跟踪回访等工作，每月至少回访一次，连续跟踪时间不少于 6 个月，并按时将情况登记在家庭暴力施暴者社区教育矫治登记表中，为高危家暴案件风险等级评估和实施效果作参考。

2）加大法治宣传力度，指导、协助各部门开展反对家庭暴力普法宣传和培训工作。

妇联：

1）协调项目实施工作，收集、汇总项目试点乡镇工作情况。各项目试点乡镇的资料收集、汇总、汇报工作由各乡镇妇联负责。

2）组织面向社会公众和职能部门开展项目实施宣传与培训工作。

3）整理项目试点乡镇上报案件情况，筛查存在高危风险的家庭暴力案件，将分析结果通报、转介多机构合作部门，并提出干预建议，引入社会组织为施暴者开展心理干预。

4）对各成员单位实施项目工作进展进行定期督导与开展督查评估，根据案件回访情况进行高危案件风险评估，对于还存在暴力升级风险的案件，适时督办各成员单位采取有效措施介入管控。

5）对各单位参与项目实施过程中所取得的经验及时归纳总结，形成经验性文字收集整理成册，用于项目实施成果的推广与运用。

乡镇人民政府：

1）协调辖区派出所、司法、综治、妇联、法庭等部门和各村（社区）开展项目实施工作。

2）协调辖区相关部门和各村（社区）积极参与婚姻家庭案件中涉及家庭暴力案件调解工作，预防因婚姻家庭矛盾纠纷调解处置不当导致的家庭暴力升级事件的发生。

3）加强对施暴者的心理疏导和教育矫治，启用多机构合作模式帮助施暴者恢复身心健康，避免家庭暴力事件反复发生。

4）深入推进"法律六进"与倡树文明新风等活动，引导家庭成员学法、守法、用法，摒弃家庭暴力恶习，过健康文明生活。在"三八"妇女节、"六一"儿童节、"11·25"国际消除家庭暴力日等重要节点开展集中宣传活动，采用以案说法、法律咨询等群众喜闻乐见的形式开展反家庭暴力宣传，积极营造反对家庭暴力的良好法制环境。

（三）项目实施

浏阳市选取在南区 5 个乡镇进行试点，从营造尊重妇女、男女平等和谐发展的社会环境入手，建立健全维护妇女儿童合法权益的体制机制，全力保障项目在浏阳的贯彻实施。制作出了《浏阳市实施施暴者综合干预与教育矫治项目宣传手册》并下发到试点乡镇，以"三八"妇女维权周等节点开展全方位宣传，让大众对家庭暴力的概念、家庭暴力关系、施暴者的现状、项目实施意义等内容有全面的认知。具体干预流程为：

了解案情。各部门和机构在接受家庭暴力受害人或其他人员的求助或投诉之后，应该首先了解暴力的具体情况，包括受害人、施暴人的基本信息，家庭暴力的形式、程度，发生暴力当事人之间的关系，案件的时间地点，受害人受伤害情况等，并将了解到的情况记录在案。

评估风险。特别是首个接案部门应认真填写《家庭暴力个案登记表》《亲密关系暴力信息收集表（施暴者）》《家庭暴力施暴者危险性评估测试表》。根据以上对于暴力形式、程度和当事人之间关系的了解和评估，判断暴力是属于家庭内暴力还是家庭外暴力，施暴的原因是什么，是属于法律界定的家庭暴力还是属于理论界定的家庭暴力，以此为依据对施暴者施暴类型进行分类、汇总。

了解需求。受害人与施暴人之间千丝万缕的联系决定了该类案件的处理方式要区别于一般案件，施暴者的需求也是需要重点考虑的因素。需求的内容包括：警察介入、心理需求（情感支持、心理辅导）、健康需求（医疗救治）。

评估风险。接案部门首先要评估案件的风险，包括受害人和相关工作人员的风险。工作人员要深刻地认识到危险的复杂性，有些危险显而易见，有些则是隐蔽的；有些危险是暂时的，有些可能是长期的。工作人员应当具备较强的观察和判断能力。根据《家庭暴力施暴者危险性评估测试表》列出评估危险相关因素，来判断风险的程度和性质，采取有效的方式和手段处理。首个接案部门首先要力所能及开展干预，如果需要其他部门合作干预的，要提出评估情况与干预建议，为后续转介服务作参考依据。

分类干预。各部门在处理家庭暴力个案时应依法履行职责，并坚持本部门优先干预处理的原则，尽可能在本部门或本机构内完成对施暴者的干预与教育矫治，减少因对接不及时造成案件跟踪不及时或者推诿情况发生。由各级妇联组织对本辖区发生的家庭暴力案件中涉及的施暴者施暴类型进行分类收集汇总，并向上级妇联提交案件干预意见。

转介服务。对超出本部门或机构职责范围的需求，应当及时转介。转出部门或机构要做好相应记录，填写相关表格，完成登记表中的对应事项，转出与转入部门均应相互提供书面单据，以便明责，避免相互推诿的情况发生。属于本部门职责范围内的，应及时处理，提供服务。转入部门应填写转介接收单，检查是否属本机构职责，尽快向转出机构书面回复处理情况，受理或不受理需书面回复说明理由。

跟踪回访。回访是指各部门的案件具体办理人员在受理、处理过程中或办结后，对施暴者进行定期或不定期回访，听取施暴者意见，掌握动态，有针对性地开展工作，防止矛盾恶化。各部门要建立回访制度，对本部门职责范围内的案件，按法定程序处理完毕后结案；转介至其他部门的，收到转入单位书面回复后结案。同时根据回访反馈的信息，总结评估，巩固工作效果，见图 7 - 4。

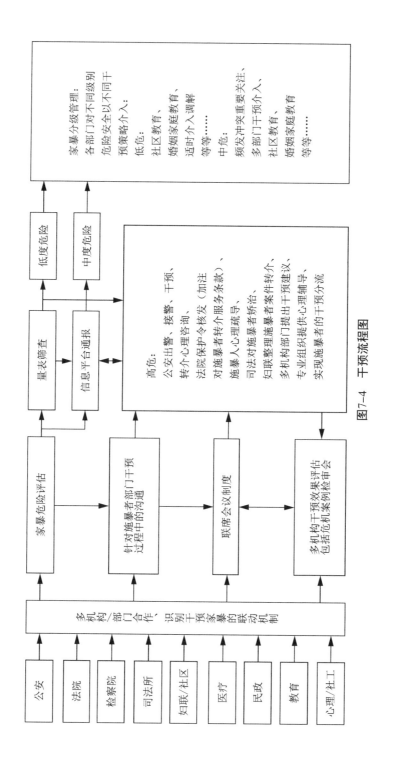

图7-4 干预流程图

（四）队伍建设

建立行专相结合的队伍。市、镇、村三级通过组建服务队伍，各部门各司其责，为及时、就近服务提供保障。特别是离施暴者最近村级服务队伍，通过走村入户办理村级事务的同时随时与他们取得联系。其次浏阳市妇联在婚调中心成立了妇女儿童心理咨询服务站，每个月有 5 位心理咨询师轮值，对一些特殊的施暴者随时可以提供专业的心理疏导。各部门各司其责，为及时、就近服务提供保障。特别是村级服务队伍离施暴者最近，他们往往通过走村入户办理村级事务的同时随时与他们取得联系。加强工作培训。2020 年 7 月中旬，浏阳市妇儿工委在市公安局召开了由市级领导、多机构合作部门联络员及试点乡镇服务团队成员参与的"关爱家庭·构建和谐"施暴者综合干预与教育矫治服务项目启动暨培训会议。在启动会上，市妇联对《浏阳市开展"关爱家庭·构建和谐"施暴者综合干预与教育矫治服务项目实施方案》进行了解读，试点乡镇分管领导就项目实施作了表态性发言；市级相关领导对如何实施好项目工作从认识要到位、重点要突出、合力再加强等三方面提出意见和希望。

（五）资源整合

项目实施过程中全面完善联席会议、联络员负责、案件督办、信息共享等相关制度。每季度召开一次高危家暴案件通报联席会议；各单位明确一名项目实施工作联络员，以加强各成员单位对项目实施的工作联系与交流；项目实施领导小组将适时对高危案件中施暴者的干预情况进行督促，并协调有关部门依法办理，所涉及成员单位必须及时给予回应并上报跟踪处理结果；各成员单位应及时向领导小组办公室共享高危家暴案件中有关施暴者跟踪处理相关记录和证明，促进项目实施的有序推进。通过政府各职能部门之间、政府部门与社会组织之间、政府各部门与基层村（社区）之间合作干预，从源头上对施暴者进行干预，帮助施暴者建立平等、尊重、接纳、信任关系，营造和谐的家庭氛围，确保工作落到实处。

（六）服务成效

制定了项目实施工作方案，开展家庭暴力施暴者综合干预专题培训 2 次，培训人员 212 人；协调各部门全面参与对施暴者的综合干预，并制作出台了项目实施工作流程与职责；试点乡镇共排查、服务婚姻纠纷家庭 386 个，对

102 户涉及家庭暴力家庭进行走访，针对中、高危家庭暴力案件中的 19 位施暴者开展了有效干预。并建立了个案干预登记档案。从干预效果来看，施暴者对家庭暴力的危害性有了逐步的认知，并与工作人员建立了良好的信任关系。如成功矫治的王某案件。

　　2020 年 9 月，澄潭江镇渠道村妇女王某向当地派出所报警遭受丈夫何某严重家庭暴力，后通过公安部门启动多机构一站式服务模式，与镇妇联、司法所、村级取得联系，当即取证对施暴者给予了 15 天的刑事拘留，为防止他回家后再次殴打妻子，镇司法所、妇联等工作人员多次上门与施暴方进行情感疏导，何某接受他们提供的矫治服务意见，现夫妻俩回归正常婚姻关系，男方没有再次打女方的行为发生。

随着项目宣传与工作运行，通过一线工作人员以不同的方式对施暴者给予情感疏导与心声倾听，提升了一线工作人员对施暴者进行干预的意识，促使施暴者本人对实施家庭暴力危害性有了更深的认知，平等、尊重的环境让他们更有信心回归婚姻与社会，公众接纳对于施暴者的认知偏差转变起到了很好的润滑作用。

附录　少年儿童成长体验调查

青少年朋友：

你好！为了深入了解少年儿童目前的生活与发展状况，湖南师范大学拟对全国4个省市少年儿童权益状况进行调查。本次调查获得的数据仅作为研究资料，研究成果将作为进一步开展青少年权益保护工作的依据。你的真实回答很重要，请根据你的实际情况填写。请按照每道题目后的要求在所列答案中选择出最符合你想法的答案（在对应的选项前打"√"）。谢谢你对本次调查的参与和支持！

A　基本情况

A1. 你的性别是：（01）男　　　　　　　（02）女

A2. 你的年龄是：＿＿＿＿＿周岁（请填上具体数字）；

A3. 你所在的年级是

（01）小学五年级　　　　　　　（02）小学六年级

（03）初中一年级　　　　　　　（04）初中二年级

（05）初中三年级

A4. 你的户口是：（01）农村户口　　（02）城市户口

A5. 你有几个亲兄弟姐妹？（只选一项）

（1）我是独生子女　　　　　　　（2）1个

（3）2个　　　　　　　　　　　（4）3个

（5）4个及以上

A6. 你的身体健康状况是

A6a. 你是否经常患病：（01）无　　（02）有

A6b. 你是否患慢性病：（01）无　　　（02）有

A6c. 你身体某些部位是否有残疾：（01）无　　　　（02）有

A7. 你所在学校的性质是：（单选）

（01）公立示范（重点）学校　　　　（02）公立普通学校

（03）私立学校　　　　　　　　　　（04）打工子弟学校

（05）其他（请注明）＿＿＿＿＿＿

B　家庭情况

B1. 每空选一项，请将所选答案的标号填在横线上：

你父亲的文化程度：＿＿＿＿＿＿；你母亲的文化程度：＿＿＿＿＿＿（请将所选答案的标号填在横线上）

（01）没上过学　　　　　　　　　　（02）小学

（03）初中　　　　　　　　　　　　（04）高中（包括中专和技校）

（05）大专　　　　　　　　　　　　（06）大学本科以上

B2. 和同学比较，你觉得你家的经济条件怎么样？（只选一项）

（01）很好　　　　　　　　　　　　（02）比较好

（03）一般　　　　　　　　　　　　（04）不太好

（05）很不好

B3. 目前你家的住所是？（单选）

（01）父母建的或买的房子　　　　　（02）父母单位或雇主提供的宿舍

（03）工棚　　　　　　　　　　　　（04）父母搭建的简易棚屋

（05）父母租的房子　　　　　　　　（06）住亲戚朋友家

B4. 每空选一项，请将所选答案的标号填在横线上：

你父亲的职业是：＿＿＿＿＿＿；你母亲的职业是：＿＿＿＿＿＿（请将所选答案的标号填在横线上）

（01）工人　　　　　　　　　　　　（02）农民

（03）军人、警察　　　　　　　　　（04）干部或公务员

（05）公司老板　　　　　　　　　　（06）企业普通员工

（07）做小生意（开小餐馆、卖菜等）（08）医务工作者

（09）文化、教育工作者（教师、艺术家等）

（10）服务人员（如快递、保安、保洁、销售、修理工、保姆等）

（11）没有固定职业，打零工 　　（12）不知道

（13）其他（请写明）＿＿＿＿＿＿＿

B5. 你现在跟下列哪些人一起居住生活？（有多少项选多少项）

（01）亲生父亲　　　　　　　　　（02）亲生母亲

（03）继父　　　　　　　　　　　（04）继母

（05）祖父（爷爷、外公）　　　　（06）祖母（奶奶、外婆）

（07）亲叔叔或伯伯　　　　　　　（08）继父或继母的兄弟姐妹

（09）亲兄弟姐妹　　　　　　　　（10）继父或继母的子女

（11）父母的男同事　　　　　　　（12）父母的女同事

（12）其他＿＿＿＿＿＿＿

B6. 你的家庭中是否有下列现象（请在对应选项上打"√"）：

B6a. 家中成员经常激烈争吵，甚至打架	（01）是	（02）否
B6b. 父亲或母亲或其他家庭成员有精神疾病或身体残疾	（01）是	（02）否
B6c. 父亲或母亲或其他家庭成员有酗酒习惯	（01）是	（02）否
B6d. 父亲或母亲或其他家庭成员有毒瘾	（01）是	（02）否
B6e. 父亲或母亲或其他家庭成员有自杀念头或记录	（01）是	（02）否
B6f. 父亲或母亲离家出走，基本上没有消息	（01）是	（02）否
B6g. 跟外出务工父亲或母亲到异地读书	（01）是	（02）否
B6h. 你家里的居住环境脏、乱、差，而且不安全	（01）是	（02）否
B6i. 父亲或母亲喜欢用打骂的方式教育你	（01）是	（02）否
B6j. 父亲或母亲有打麻将、买地下六合彩等赌博习惯	（01）是	（02）否
B6k. 父亲或母亲或家庭成员有犯罪前科记录	（01）是	（02）否
B6L. 父母亲长期在外打工，由祖父母或其他亲属带大	（01）是	（02）否

C　青少年成长经历状况

从 C1～C28 题是了解您儿童期的成长经历。请根据您的体会从"从来没有（从没）、偶尔、有时、经常、总是"五个选项中选出最适合您情况的答案，如果您不是很清楚，请尽量估计。

C1. 我吃不饱	1. 从没	2. 偶尔	3. 有时	4. 经常	5. 总是
C2. 有人照顾我、保护我。	1. 从没	2. 偶尔	3. 有时	4. 经常	5. 总是
C3. 家里有人喊我"笨蛋""懒虫""丑八怪"等。	1. 从没	2. 偶尔	3. 有时	4. 经常	5. 总是
C4. 我的父母因为醉酒、吸毒或赌博而不能照顾家庭。	1. 从没	2. 偶尔	3. 有时	4. 经常	5. 总是
C5. 家里有人使我觉得我很重要。	1. 从没	2. 偶尔	3. 有时	4. 经常	5. 总是
C6. 我经常穿脏衣服。	1. 从没	2. 偶尔	3. 有时	4. 经常	5. 总是
C7. 我感到家里人爱我。	1. 从没	2. 偶尔	3. 有时	4. 经常	5. 总是
C8. 我觉得父母讨厌我，希望从来没有生过我。	1. 从没	2. 偶尔	3. 有时	4. 经常	5. 总是
C9. 家里有人打我，打的很重，不得不去医院。	1. 从没	2. 偶尔	3. 有时	4. 经常	5. 总是
C10. 我家的状况需要改善。	1. 从没	2. 偶尔	3. 有时	4. 经常	5. 总是
C11. 家里有人打得我皮肤青紫或留下伤痕。	1. 从没	2. 偶尔	3. 有时	4. 经常	5. 总是
C12. 家里有人用皮带、绳子、木板或其他硬东西惩罚我。	1. 从没	2. 偶尔	3. 有时	4. 经常	5. 总是
C13. 家里人彼此互相关心。	1. 从没	2. 偶尔	3. 有时	4. 经常	5. 总是
C14. 家里有人向我说过侮辱性或让我伤心的话。	1. 从没	2. 偶尔	3. 有时	4. 经常	5. 总是
C15. 我感觉我受到了躯体虐待。	1. 从没	2. 偶尔	3. 有时	4. 经常	5. 总是
C16. 我的童年是美好的。	1. 从没	2. 偶尔	3. 有时	4. 经常	5. 总是
C17. 我被打得很重，引起了老师、邻居或医生等人的注意。	1. 从没	2. 偶尔	3. 有时	4. 经常	5. 总是
C18. 我觉得家里有人憎恨我。	1. 从没	2. 偶尔	3. 有时	4. 经常	5. 总是
C19. 家里人关系很亲密。	1. 从没	2. 偶尔	3. 有时	4. 经常	5. 总是
C20. 有人以带有性色彩的方式触摸我或让我触摸他/她。	1. 从没	2. 偶尔	3. 有时	4. 经常	5. 总是
C21. 有人威逼或引诱让我同他/她做性方面的事。	1. 从没	2. 偶尔	3. 有时	4. 经常	5. 总是

（续表）

C22. 我的家是世界上最温暖的。	1. 从没	2. 偶尔	3. 有时	4. 经常	5. 总是
C23. 有人试图让我做或看性方面的事。	1. 从没	2. 偶尔	3. 有时	4. 经常	5. 总是
C24. 有人调戏我，如耍流氓、动手动脚等。	1. 从没	2. 偶尔	3. 有时	4. 经常	5. 总是
C25. 我的心灵受到了折磨或虐待。	1. 从没	2. 偶尔	3. 有时	4. 经常	5. 总是
C26. 有人关心我的身体健康。	1. 从没	2. 偶尔	3. 有时	4. 经常	5. 总是
C27. 我认为我受到了性侵犯。	1. 从没	2. 偶尔	3. 有时	4. 经常	5. 总是
C28. 家是我获得力量和支持的源泉	1. 从没	2. 偶尔	3. 有时	4. 经常	5. 总是

C29. 在您的一生中，第一次性行为时您多大年龄？＿＿＿＿＿岁（如从来没有，填"88"）

D　青少年过去六个月体验

请依据你过去六个月内的经验与事实，回答 D1～D25 问题，请从题目的三个选项"不符合"、"有点符合"或"完全符合"的空格中，勾选你觉得合适的答案。请不要遗漏任何一题，即使你对某些题目并不是十分确定。

D1. 我尝试对别人友善，我关心别人的感受	1. 不符合	2. 有点符合	3. 完全符合
D2. 我不能安定，不能长时间保持安静	1. 不符合	2. 有点符合	3. 完全符合
D3. 我经常头痛、肚子痛或是身体不舒服	1. 不符合	2. 有点符合	3. 完全符合
D4. 我常与他人分享（糖果、玩具、铅笔等等）	1. 不符合	2. 有点符合	3. 完全符合
D5. 我经常非常愤怒，常发脾气	1. 不符合	2. 有点符合	3. 完全符合
D6. 我经常独处，我通常自己玩耍	1. 不符合	2. 有点符合	3. 完全符合
D7. 我通常依照吩咐做事	1. 不符合	2. 有点符合	3. 完全符合
D8. 我经常担忧，心事重重	1. 不符合	2. 有点符合	3. 完全符合
D9. 如果有人受伤、不舒服或是生病，我都乐意帮忙	1. 不符合	2. 有点符合	3. 完全符合
D10. 我经常坐立不安或感到不耐烦	1. 不符合	2. 有点符合	3. 完全符合
D11. 我有一个或几个好朋友	1. 不符合	2. 有点符合	3. 完全符合
D12. 我常与别人争执	1. 不符合	2. 有点符合	3. 完全符合

（续表）

D13. 我经常不高兴、心情沉重或流泪	1. 不符合	2. 有点符合	3. 完全符合
D14. 一般来说，其他与我年龄相近的人都喜欢我	1. 不符合	2. 有点符合	3. 完全符合
D15. 我容易分心，我觉得难于集中精神	1. 不符合	2. 有点符合	3. 完全符合
D16. 我在新的环境中会感到紧张，很容易失去自信	1. 不符合	2. 有点符合	3. 完全符合
D17. 我会友善地对待比我年少的孩子	1. 不符合	2. 有点符合	3. 完全符合
D18. 我经常被指责撒谎或者不老实	1. 不符合	2. 有点符合	3. 完全符合
D19. 其他小孩或青年人常针对或欺负我	1. 不符合	2. 有点符合	3. 完全符合
D20. 我常自愿帮助别人（父母、老师或同学）	1. 不符合	2. 有点符合	3. 完全符合
D21. 我做事前会先想清楚	1. 不符合	2. 有点符合	3. 完全符合
D22. 我会从家里、学校或别处拿不属于我的物件	1. 不符合	2. 有点符合	3. 完全符合
D23. 我与大人相处较与同辈相处融洽	1. 不符合	2. 有点符合	3. 完全符合
D24. 我心中有许多恐惧，我很容易受惊吓	1. 不符合	2. 有点符合	3. 完全符合
D25. 我总能把手头上的事情办妥，我注意力良好	1. 不符合	2. 有点符合	3. 完全符合

（问卷到此结束，谢谢你的参与！祝愉快！）